Скаредное дело

Андрей Зарин

СКАРЕДНОЕ ДЕЛО

1

Как только князь Теряев-Распояхин женился, так сейчас же отстроил себе усадьбу в любимой своей вотчине, под Коломной. Быстрая, светлая речка омывала ее с задней стороны, на которой раскинулся огромный сад. Передней стороной усадьба выходила на переднюю дорогу и казалась маленьким острогом [острог — крепость], так высок и плотен был частокол, обносивший ее, так крепки и массивны были ворота со сторожевой башенкой сбоку. Иначе и нельзя было. То время, когда отстраивался князь, было неспокойное время. Только-что окончились смуты и едва-едва оправилась Русь: избавилась от самозванцев и выбрала на царский трон первого царя из дома Романовых.

Русские прогнали поляков и казаков, были уничтожены войска самозванцев, но повсюду еще шли грабежи и убийства: по дорогам бродили шайки разбойников, и всякие бесчинства творились не только на проезжих дорогах, но и на городских улицах и даже в самых домах. Князю Теряеву, как верному царскому слуге, случалось нередко отлучаться из дома на долгое время и, дорожа покоем жены и своего маленького сына, он и выстроил не столько красивые, сколько прочные хоромы.

Тотчас за воротами был еще огород с невысокими воротцами, а за ним уже шел широкий двор с мощной улицей к теремному крыльцу. По сторонам улицы были разбросаны служилые избы для охранной челяди, во главе которой стоял любимец князя и княгини, старый стремянный Антон. Дальше, вглубь двора, размещались хозяйственные постройки: бани, конюшни, кладовки, погреба, повалуши; а самый терем в два этажа с башенной пристройкой, с крепкими дубовыми стенами, толстой дверью и тяжелыми ставнями — стоял посреди крепких избушек, как богатырь во главе своей рати, и князь, выстроив его, с довольством бахвалился:

— Сам пан Лисовский наедет, так и от него отобьюсь!..

В лето 7128-ое по счислению того времени, а по нашему в 1619 году, в жаркий полдень 11 июня, молодая княгиня Анна Ивановна вышла на заднее крыльцо терема посидеть на ступеньках, подышать чистым воздухом и полюбоваться сыном своим семилетним богатырем, что резвился на заднем дворе с сенными девушками.

Крылечко, огражденное раскрашенными балясинами, было широко и просторно. Молодая княгиня села на верхней ступеньке на толстый ковер; подле нее стоял жбанчик холодного квасу, и она наслаждалась тихим покоем счастливой женщины.

Молодая, красивая и дородная, мужем любимая, и мать, и жена, и хозяйка, — она считала себя счастливейшей женщиной и с умилением взглядывала время от времени на своего сына. Разогрелся ее Миша, распарился; черные волосенки, подстриженные кружком, сбились на лоб и завесили его сверкающие радостью и весельем глазки. Молодые, здоровые девушки с веселым смехом бегали от него, играя в горелки; а он летал соколом, гоняясь за ними.

Великая радость для матери любоваться своим первенцем!

И природа словно ласкала и благословляла их. Ясное, безоблачное небо сияло над ними; солнце лило свои лучи, наполняя воздух жгучей истомой, и кругом ласково шелестела листва густого сада, который начинался сейчас от этого двора.

Для полного счастья молодой княгине не хватало только ее любимого мужа. Великое дело свершалось для всей Руси в это время; великая радость наполняла сердца всех любящих своего царя. Из тяжкого польского плена возвращался Филарет Никитич, великий подвижник за свою родину, отец царствующего Михаила. Вся Русь делила радость царя своего, и князь Терентий Петрович был отозван того случая ради в Москву. Любил царь Михаил за его воинскую удаль, за смелые речи и решительный нрав. Любя жаловал его и скучал без него, несмотря на то, что сильные братья Салтыковы всячески старались очернить его.

Мягкий царь Михаил, хоть и склонялся под волею своей матери и ее приспешников, Салтыковых, а все же не мог не ценить того, кто не щадя живота своего, от молодой жены и сына-малютки ходил иметь и Маринку [Марину Мнишек; после смерти Калужского вора (второго Лжедимитрия) она выдавала своего шестилетнего сына Ивана за царя; атаман Заруцкий и казаки были на ее стороне; она замутила Поволжье и сидела в Астрахани, где ее и изловили] с Заруцким, и донского атамана с его шайкою, и всяких других разбойников, никогда не отказывался от ратного дела.

Чувствуя вражду против себя царских клевретов и сознавая необходимость жить ближе к царю, чтобы не попасть по какому наговору в опалу, князь много раз говорил княгине:

— Переедем жить в Москву, — там я палаты выстрою.

Но княгиня каждый раз отказывалась.

— Не привыкла я к городской жизни, князь, — говорила она, — не неволь меня. Люблю я простой обычай, и не хочу гоняться за боярынями-привередницами. Слышь, они и брови чернят, и щеки сурмят, и лицо белят. Где мне тягаться с ними? Только на посмех всем буду!

И князь покорялся ей, находя в ее словах немало правды. И приходилось ему делить свое время между Москвою и Коломною, между царским дворцом и своим домом. Случалось, что неделями и больше не бывало его дома, и теперь, когда царь ждал встречи с отцом своим, он и вовсе не отпускал от себя князя, советуясь с ним о всякой малости.

От Москвы до Коломны всего сто верст. Случалось, затоскует князь по жене да по сыну, сядет на коня возьмет с собой верного стременного да и полетит в Коломну. Угоняет двух коней, повидает жену, сына, а на другой день уже назад мчит, унося с собой горячие ласки.

А княгиня жила тихой сельской жизнью, счастливая сыном своим да любовью мужа.

Плотно покушала княгиня за обедом, сладостей наелась и

теперь брала ее измора: то и дело прикладывалась она к жбанчику, чтобы освежиться; но глаза начинали уже слипаться, и княгиня поднялась, тяжело вздыхая, чтобы пойти отдохнуть, когда вдруг до ее звука донеслись звуки волынки, резкое бряцание и бой барабана.

Она приостановилась и окликнула одну из девушек.

— Матреша, сбегай-ка до ворот, — сказала она. — Глянь, никак потешные шумят.

Девушка стрелою помчалась на передний двор и через минуту вернулась, весело крича:

— Скоморохи идут!

Княгиня улыбнулась. Сон на время оставил ее.

Девушка подбежала к крыльцу и, едва переводя дыхание, быстро заговорила:

— И уж что за занятные! Почитай, полтора десятка будет. Медведя ведут с козою, а у других сопелки, домры, накры [род теперешних тарелок]. Один с куклами, а другой с гуслями, старый-старый!.. Повели позвать!

— Повели позвать, княгинюшка! — смело заголосили сбившиеся в кучу девушки, а Миша взбежал на крыльцо, обнял колени матери и запросил тоже:

— Повели, матушка! Золотце, прикажи!

И самой княгине захотелось развлечься. Она улыбнулась и кивнула головой.

— Ин, быть по-твоему! — сказала она, гладя черную головку, и приказала той же Матреше:

— Вели им к нам сюда идти!

Матреша вспрыгнула козою и скрылась за зданиями.

— Скоморохи, скоморохи придут! — хлопая в ладоши, кричали девушки.

Княгиня снова опустилась на верхнюю ступеньку крылечка. Маленький Миша сел и прижался к ее коленям, а девушки столпились у крыльца и замерли в ожидании.

Через несколько минут послышался шум шагов, осторожный говор, бряцание цепи и из-за угла терема вышла толпа скоморохов. Матреша обогнала их, подбежала к крылечку и весело крикнула:

— Вот занятно-то, девушки!..

Скоморохи подошли ближе, остановились в почтительном отдалении от крыльца и земно поклонились княгине.

— Встаньте, встаньте, прохожие люди! — ласково сказала княгиня.

Они встали и выпрямились, держа в руках войлочные колпаки и гречишники.

Их было человек 12 и все они производили впечатление шайки бродяг или разбойников, так ободраны были их одежды и так в то же время был дерзок внешний вид каждого. Впереди всех стоял поводырь со своим медведем. Сам огромный, как медведь, с рыжей косматой бородою, с одним глазом и черной дырой на место другого, в сермяге и с босыми ногами, он производил отталкивающее впечатление убийцы; рядом с ним, держа в поводу козу, стоял маленький парень в пестрядинной рубахе, лицом, изъеденным оспой, с жидкими волосенками на остроконечной голове; его раскосые глаза бегали во все стороны, а тонкие, бескровные губы растягивались до самых ушей, за ними стоял гудошник, высокий, седой, слепой старик с угрюмым лицом и рядом с ним мальчик, держащий гудок старика. А дальше стояла толпа рыжих, черных, белых оборванцев с беспечным лицом и наглым взглядом.

— Куда путь держите? — спросила княгиня ласково.

Рыжий поводырь тряхнул своею гривою и ответил:

— На Москву, государыня-княгиня! Слышишь, там на три дня от царя веселье заказано.

— Так, так, — сказала княгиня, — к нашему царю батюшке его батюшка ворочается.

— Дозволь потешить, — проговорил тот же поводырь.

— Что же потешьте! Чем тешить будете?

— Я что повелишь нам смердам. Есть у нас и гудошник: песню споет; есть и куклы потешные и медведь наученный и коза-егоза, и плясуны и сказочники, что повелишь государыня!

Девушки умоляюще взглянули на княгиню, и она сразу поняла их желания.

— Ну, кажите все по ряду! — сказала она.

5

Рыжий великан поклонился и дернул медведя за цепь. Тот зарычал и поднялся на задние лапы. Девушки с визгом сбросились в кучу, как испуганное стадо. Миша прижался к коленям матери, да и сама княгиня побледнела, услышав страшный звериный рев.

— Ну, ну Мишутка, поворачивайся! — грубым голосом заговорил косой поводырь, ударяя его палкой, — покажи на потеху, честным людям для смеху, как лях кобенится, на красну девку зарится!

— А ты коза-егоза, пляши для веселья, как смерд с похмелья! загнусил его товарищ, дергая козу за веревку. В это время загремел барабан, зазвенели накры, затрубил рожок — и началось представление.

Коза с усилием поднялась на задние ноги и завертелась на месте, а медведь рыча поджал передние лапы, словно в бока и, откинув голову, стал важно ходить взад и вперед.

Лицо княгини озарилось улыбкой, девушки поджав руками животы и перегибаясь, звонко смеялись.

— А покажи теперь, как этот лях до лесу утекает, продолжал поводырь, и медведь стал на четвереньки, жалобно замычал и поспешно побежал под ноги своему хозяину; а коза то опускалась на передние ноги, то вновь поднимала их и опять вертелась. Показал медведь и как девки горох воруют, и как баба в кабак идет, похваляется, а из кабака выйдя по земле валяется.

Потом его сменили плясуны. Четыре парня под музыку затеяли пляску.

Подробного описания тогдашней скоромошьей пляски до нас не дошло, но по словам Олеария [Олеарий, бывший при голштинском посольстве в России в царствование царя Михаила, в 1634 г., составил подробное описание быта русских того времени; книга его является едва ли не единственным толкователем источником сведений о том времени, и ни один историк не миновал ее при изучении быта русского народа; существуют так же описания других иностранцев, как-то: записки Беера, Гербенштейна, Пеерле, Мержерета и других, но

6

они все страдают неполнотою сведений и самыми фантастическими измышлениями], срамота этих плясок была неописуема и с ним можно согласится, судя по тому рисунку, который он сделал, изобразив одну из "фигур" скоморошьей пляски.

Современный писатель не решается описать этого рисунка, но в тогдашнее время понятия о приличном и неприличном были иные, и теремные девушки без всякого зазора потешались скоморошьим плясом.

После плясунов выступил мужичонка с куклами. Он надел на себя нечто вроде кринолина, потом вздернул его головы и образовал таким образом некоторое подобие ширм, из-за которых стал показывать кукол, говоря за них прибаутками (некоторое подобие современного Петрушки).

Девушки покатывались со смеху; Миша не отрываясь смотрел на кукол загоревшимся взором, и княгиня милостиво улыбалась скоморохам.

А потом выступил гудошник и, водя смычком по струнам гудка, запел заунывную, длинную песню о том, как Шуйские погубили славного Скопина, как пришел он на пир и жена его дяди подносила ему чару зелена вина; как замутилась голова его с того зелья, что было подсыпано в вино, и как привезли его умирающего домой, где горьким плачем и воплями встретила его тело молодая жена.

Затуманились всех, слушая заунывный, гнусный речитатив под однообразное гудение струн, и по белому лицу княгини скатилась слеза; но скоро грусть, навеянная песней, сменилась истомою, и княгиня решительно поднялась с крылечка.

— Ну, люди добрые, потешьте девушек, — сказала приветливо, — а я пойду... Мишу на верх отведешь немного погодя, а их Степанычу накормить вели, да пиво пусть выставит! — сказала она, обращаясь к пожилой девушке и медленно, вперевалку, прошла в покои, где было полутемно и прохладно.

— Ну, что вам, девушки, любо? — меняя прежний подобострастный сон на грубый, спросил рыжий. — Сплясать, что ли?

— А хоть спляшите, а там опять кукол, — бойко отозвалась Матреша.

Пожилая девушка стала подле Миши и ласково обняла его. В это время Миша вдруг вскрикнул. Ему показалось, что слепой старик стал зрячим и смотрел на него.

— Что ты, родимый? — встревожилась девушка; но Миша уже оправился и смотрел на скомороший пляс; а в это время слепой гудошник под грохот нестройной музыки говорил рыжему:

— Как его ты возьмешь, Злоба? Ишь сколько девок вокруг: какой вой подымут!

— Не бойся! — ответил Злоба. — Коли Поспелко взялся, так будет слажено. Он ногу из стремени скрадет, не то што! — и он толкнул в бок раскосого поводильщика козы.

— Удумал, Поспелко?

Тот ухмыльнулся.

— Беспременно заночевать надо, — сказал он, — а всего допреж узнать, тот ли он, кого надоть, чтоб не занапрасно стараться.

— Ввечеру все дознаем, — ответил Злоба.

2

До самого заката солнца, от которого в те времена считалась ночь, потешали скоморохи дворню и так всех уважили, что Степаныч, княжий дворецкий, отпустил им не только пива, но даже выставил кастрюлю крепкого меду. С поздним вечером сошли с верху и сенные девушки, и долгое время продолжалось бражничество в княжеской усадьбе промеж дворни и скоморохов.

Рыжий расспрашивал полупьяного Степаныча:

— Чья усадьба-то будет?

— Князя Теряева-Распояхина, — коснеющим языком отвечал Степаныч. Первеющий князь! Теперь у царя, у

8

батюшки, дай Бог ему здравствовать, в ближних состоит. Во-о! — и он поднял кверху корявый указательный палец.

— Один сынок-то?

— Как перст. Теперь княгинюшка дышит на него, не надышится. Что глаз бережет! Пошли ей Бог здоровья!

— Хороша княгинюшка ваша! — ввернул свое слово косоглазый Поспелко.

— Золото! — вмешалась Дунька. — Она из простых, в род, как мы с Матрешкой, ну, и душа сними!

— Ишь ты!..

— Антон сказывал, что князюшку нашего ляхи посекли, — он его на мельнице укрыл; а она, выходит, княгинюшка-то наша, там за ним и ходила, раны заговаривала.

— Ратный человек?

— Наш-то? — удивленно спросил Степаныч. — Первый воин. Он и ляхов бил, и Маринку изловил, а впоследях шведов бил. Вот он какой!

— А что же у вас ратных людей во дворе вовсе нету? — спросил слепой старик.

— Ратных-то? У нас полтора сорок ратных людей, а сейчас всего десять, потому что князь их на Москву увез. Для почету!..

А пьянство шло своим чередом, и к полуночи половина пирующих лежала под лавками.

В это время Поспелко толкнул Злобу и вышел с ним на двор.

— Идем, што ли! — сказал он.

Злоба даже опешил.

— Красть?

— Уготовиться, дурья твоя голова! — ответил Поспелко. — Иди, што ли! Мне твоя сила нужна.

Он обогнул терем, перешел задний двор и спустился в сад. Перейдя его поперек, он остановился у высокого тына и сказал, указывая на крепкий столб:

— Расшатать да вытащить его надоть. Рыжий великан с изумлением взглянул на него своим единственным глазом.

— Да нешто я медведь?

9

— Дурья голова! Мы подкопаем его, а там палку подложим, ну, и подымем!

— А для чего?

Поспелко засмеялся.

— Тебя на место его поставить, дубина! Право слово! Зачем тын ломать! Чтобы дорогу иметь, щучья кость!

— Ну, ну, комариный зуд! — проворчал рыжий, — и сам знаю. А зачем ход?

— Ход-то? Слушай! По утру мы уйдем, я и убегу да через это место в сад. День прокараулю и скраду его, а скравши к вам приду. Вы меня в перелеске ждать будете. Понял, что ли? — и он толкнул его под бок.

Рыжий великан не ответил, но, судя по тому рвению, с каким он начал копать землю, можно было сообразить, что он понял и одобрил план своего косого товарища.

Темная, душная ночь прикрывала их скаредное дело, и только усиленное сопение свидетельствовало об их старании. Скоро они подкопали столб, затем Поспелко сунул рыжему в руки толстую орясину, и крепкий столб, как зуб под рукой дантиста, выдвинулся, оторвал обшивку и грохнулся наземь.

— А теперь и назад, — сказал Поспелко. — Надо думать, что дозорные людишки не доглядят до завтра, а там ищи ветра в поле! — и он тихо присвистнул.

— И воистину ты "Поспелко", — с чувством удивления к уму своего приятеля сказал рыжий. — Везде поспеешь, как бес!

— А ты дубье стоеросовое! — ответил ухмыляясь Поспелко, но тотчас же переменил тон. — Федька десять рублей обещал?

— Десять? — подтвердил рыжий.

— Кому говорил-то?

— Май сказывал; опять Распута слышал.

— То-то, а то он живо и в нетях.

— Ну, от нас не уйдешь. И куда ему рапату [тайный притон для игры и пьянства] девать?

— Их Нижнего-Новгорода ушел.

— А здесь встретился!

Они вышли на чистый двор и легли под дерево, на траву.

10

Подле них, привязанный к дереву, огромной черной тушею лежал медведь и тут же на длинной веревке бродила коза. Вся усадьба погрузилась в сон. Маленькому Мише виделись во сне веселые скоморохи, молодой его матери снился муж нежный и ласковый.

Едва летнее солнце взошло на небо, как все проснулось и зашевелилось в усадьбе. Сенные девушки под досмотром более пожилой Натальи принялись за свое рукоделье. Степаныч, громыхая вязкой ключей, полез по амбарам и кладовушкам, отпуская то овес, то крупу, то масло. Поднялась княгиня, и со своим первенцем в домовой церковке, под гнусавое пение и чтение дьячка, что жил у них при усадьбе, стала слушать часы, истова крестясь и без устали кладя земные поклоны. А там отпустила она Мишу с несколькими девушками поиграть до полдника, а сама пошла в свой терем и села за пяльцы.

— А где скоморохи? — спросила она свою постелицу, вспомнив про них.

— Ушли, матушка-княгинюшка, чуть свет ушли, — ответила та, и в тереме наступила тишина; только слышно было, как костяная игла с легким скрипом проходит через материю, да мухи с жужжанием носятся по душной горнице. Из открытого окна вместо утренней прохлады, стал уже вливаться знойный воздух, когда княгиня княгиня со стороны сада услышала тревожные переклики девушек, приставленных к Мише, и вдруг вскочила, охваченная неясным предчувствием беды. Минуту спустя она стояла уже на крыльце, бледная, взволнованная, и ее волнение мигом передалось всей дворне.

— Где же, где? — повторяла в нетерпеливом томлении княгиня.

Дуня, бледная как полотно, выбежала из сада, со всего размаха бухнулась в ноги княгине и завыла во весь голос:

— Матушка-княгиня! — бей нас, слуг негодных: упустили мы нашего сокола, никак не найдем! Может, шалит, может беда приключилась!

— Миша!.. — не своим голосом закричала княгиня и в один миг очутилась в саду.

11

— Миша, птенчик мой, отзовись! — кричала она, бегая по саду. — Очи мои светлые, сердце мое, Мишенька, откликнись! — стонала она, метаясь уже, как безумная, по кустам и дорожкам.

— Ау! — перекликались по саду рассыпавшаяся повсюду челядь.

— Влас, тащи лодку! — кричал, стоя на берегу, кудлатый мужичонка в холщовой рубахе.

Княгиня с чистых дорожек бросилась в кусты малинника, обрывая о колючие ветки тяжелую материю сарафана, царапая белые руки, и вдруг закричала не своим голосом.

В крике ее было столько горя и ужаса, что он словно ударил каждого слышавшего его, и все стремглав бросились к месту, откуда он раздался.

Глазам всех представилась ужасная картина. С безумно горящими глазами, растрепавшимися волосами, княгиня стояла на крошечной луговинке у реки и, потрясая золотым позументом, что служил Мише опояской, кричала неистово:

— Украли! Скоморохи украли! Будьте вы прокляты, кто смотрел за моим ненаглядным! Миша мой! Сердце мое! Очи мои! Ослепили меня злодеи, очи мои вынули! Что я скажу князю своему? Куда побегу, где искать буду? Что вы стали? — кинулась она вдруг на толпу. — Седлайте коней, скачите за ними, вырвите сына моего, закуйте их в цепи, сюда приведите! Я им глаза выскребу! Изменники!..

Все с ужасом попятились от нее и только теперь увидели вырванный столб из тына.

— Миша! — еще раз закричала княгиня и рухнула на землю, хрипя и колотясь в нервном припадке.

Все растерялись. Первой спохватилась пожилая Наталья. Она протискалась вперед и властно заговорила:

— Чего стоите, рты разинувши, вместо того, чтобы дело делать? Аким, иди сейчас седлай коней да возьми хоть 6 человек и по всем следам гоните! А ты Влас, сейчас на коня и до князя-батюшки на Москву спеши. Не жалей коня, — слышишь? А ты, Ерема, бери телегу и в Коломну гони. Слышь, там бабка Ермилиха, — ее сюда вези. Не поедет — волоком тащи! Ну, ну! кричала она, топая и махая руками. — А вы, девушки, берегите княгинюшку да в баньку ее, прямо в баньку! Ишь, с ней от испуга ушибиха [так называлась падучая болезнь — вероятно, от слова ушиб, ушибиться] приключилась.

Девушки испуганно подошли к княгине, осторожно подняли ее и понесли из сада. Расторопная Наталья, захватив власть, уже не выпускала ее, и голос ее звучно раздавался то здесь, то там, отдавая приказания.

Словно борзые по зайцам на облаве, во все стороны рассыпались люди Теряева, ища следы ушедших скоморохов, рыская вдоль большой дороги по перелеску и по той стороне быстрой речки. Не щадя коня, мчался Влас в Москву, и, скача по дороге, казался движущимся пыльным столбом. Чуял он, что, может, едет на верную смерть от руки разгневанного князя, над этим и только боялся, загнав коня, не найти на подставу другого.

Ерема трясся в телеге, торопясь в Коломну; а в это время княгиня в беспамятстве металась на широкой скамье в предбанной, и пожилая Наталья вспрыскивала ее святою водой с уголька и читала отпускные молитвы.

Девушки суетясь раздевали княгиню, а она стонала и, вдруг приходя в себя, начинала причитать звонким, голосом:

— Соколик мой, Мишенька, светик мой ясный! Сердце мое, свет очей моих! Я ли тебя не любила, я ли тебя не холила мое, золото! Взяли тебя лихие люди, тащат тебя как горлицу, обижают тебя, ново белого! Крикни мне, соколик, громче! Отзовись на мои слезы горькие! Уж как я полечу на них, моих ворогов, и ударю, как сокол на воронов. Вы терзайте мое тело белое, пейте мою кровь горячую, лишь отдайте князю-батюшке его первенца!

Потом она вскрикивала и снова начинала колотиться в припадке.

Девушки не могли удержать слез и горько плакали, а Матрешка с Дуней, как безумные выли и колотились головами о дубовые стены. Чуяло их сердце, что не простит князь во гневе своем их вины окаянной.

13

Даже дворецкий княжий, Степан и тот ходил, свесив голову, сознавая свой проступок перед княжим домом. Словно грозовая туча повисла над усадьбой, словно ждали все судного часа и трепетали в таинственном, суеверном ужасе. Страшен бывал князь, когда гневался...

А скоморохи тем временем быстро шли вперед, сторонясь большой дороги и пробиваясь лесом и зарослями по тропинкам, известным только Злобе, Козлу да косолапому парню, которые в смутное время были в Шишах [в смутное время беглые крестьяне составляли шайки, которые преследовали поляков, убивали их, грабили; поляки в смех прозвали их шишами, но потом дрожали при упоминании этого слова, и часто малая горсть шишей разбивала целые польские отряды], а в первые годы царствования по этим же местам занимались разбоем.

Шли они спешным шагом, не зная устали. Впереди их шагал Злоба, ведя в поводу медведя и таща за руку выбившегося из сил маленького Мишу. Мягкие сафьяновые сапоги его уже разорвались, и из них торчал угол холщовой портянки; шелковая рубашечка висела на плечах его клочьями, и он то и дело падал от устали.

— У, княжье отродье! — злобно проговорил наконец рыжий великан и, взбросив его себе на руку, зашагал еще быстрее. Ему мало было дела до того, что сердце Миши билось словно пойманная птица, что личико Миши застыло с выражением смертельного ужаса, а глазки его смотрели почти безумно. Живой или мертвый, лишь бы был он действительно первенец князя Теряева.

Только одно это и знал рыжий поводырь, да знал еще, что худо им будет, если они не уйдут от погони.

3

Через два дня после описанных событий, накануне великого торжественного дня встречи царя с вырученным из неволи отцом, а именно 13 июня, за каких-нибудь полчаса до захода солнца, зажимая нос от нестерпимого зловония, шел по Москве через рыбный рынок мужчина средних лет, обликом-иностранец, костюм-воин. Высокого роста, широкий в плечах, с открытым веселым лицом, которое освещали ясные, доверчивые голубые глаза, с окладистой русой бородою, отбыл бы красавец, если бы кровавый шрам не пересекал его лица огненною полосою, начинаясь над правой бровью, проходя через раздробленную переносицу и теряясь в левом усе. На голове путника была медная шапка, или прильбица, с кольчужной сеткой, ниспадавшей на плечи и шею; на нем был синий кафтан с желтыми рукавами, поверх которого были надеты кожаные латы с железными набойками, или юшман; на ногах красовались огромные сапоги из желтой кожи, доходившие почти до бедер. Широкий кожаный кушак обхватывал его талию, и на нем спереди висел поясной нож, а сбоку короткий и широкий меч.

Несмотря на жару, поверх юшмана на плечах его висела еще короткая суконная епанча. Он торопливо переходил рыбный рынок, на котором уже никого не было, и угрюмо бормотал что-то по-иностранному, очевидно, ругаясь.

Рыбный рынок, прилегавший одной стороною к овощным рядам, представлял собой небольшую площадь, только частично застроенную ларями. Торговцы обыкновенно приезжали сюда возами, с которых и вели торги. Вряд ли по своей неопрятности в Москве было еще другое подобное место. Уснувшую рыбу торговцы без околичностей бросали прямо на землю, мелкая рыбешка падала на туже землю просто случайно; тут же иной голодный поедал соленую рыбу, кидая остатки ее наземь, и все это, покрывая площадь толстым слоем гнили, разлагалось и наполняло воздух ядовитым, удушливым смрадом. Русский нос сносил его, и в базарные дни здесь торговля шла развалом; но иностранцы с ужасом упоминают в своих записках об этом рынке.

В небазарные дни площадь обыкновенно пустовала, и только бродячие собаки стаями ходили по ней, жадно роясь острыми мордами в смрадной рыбной падали.

Шедшему казалось, что он умрет посреди этой площади, и наслаждение выразилось на его лице, когда свежий ветерок дохнул на него с реки Москвы, мост через которую примыкал к другой стороне площади.

Иностранец отнял руку от носа, вздохнул полной грудью и остановился у начала моста, пытливо оглядываясь по сторонам.

Узкий, недлинный мост, настланный на широкие суда, выходил на безлюдную мрачную местность, так называемое Козье болото. Там, на другой стороне реки, посредине площади стояла виселица, еще неразборная от недавней казни, и мрачной громадою высился эшафот, — лобное место, высокий помост на толстых сваях, к которому вело несколько ступеней; на помосте стоял тяжелый, широкий обрубок, вроде тех, которые можно видеть теперь в местных лавках.

Иностранец отвернулся, вздрогнув от страха и взглянул вдоль берега. Немощенная улица была покрыта пылью и грязью, несмотря на июньский зной. На ней, то высовываясь вперед, то уходя назад, стояли дворы с убогими избами. Иностранец, не видя людей, постоял минуту в нерешительности и потом смело двинулся вдоль берега направо. Вдруг лицо его прояснилось и он ускорил шаг. У одних ворот растворилась калитка и чьи-то сильные руки вытолкнули человека на улицу. Он сделал два скачка, замахал руками и упал, ткнувшись с размаха лицом в пыль. Иностранец быстро подошел к нему и нагнулся, толкнув его в плечо.

— Говоряй мне, где Федор Беспальцев? А? — спросил он у него ломанным языком.

Упавший сделал попытку поднять голову, замычал что-то и опять ткнулся носом в пыль. Он был весь оборван: посконная рубашка едва прикрывала его наготу, босые ноги были грязны и изранены.

Иностранец постоял над ним, потом выпрямился, решительно подошел к калитке и застучал кольцом. Не получив ответа, он вынул нож и его медной рукоятью с такой силой стал ударять в калитку, что гул ударов огласил всю улицу.

Этот способ оказался действительный.

— Ты опять буянить! — раздался со двора злобный голос, и здоровенный детина в синей пестрядиной рубахе широко распахнул калитку и рванулся было вперед, но иностранец ударом в грудь откинул его назад, во двор, и следом за ним переступил порог калитки.

Детина с изумлением взглянул на него.

— Тебе что нужно? — спросил он.

— Федор Беспальцев туты? Мне его выдайть!

— Здесь! — грубо ответил детина. — Тебе зачем его?

Лицо военного вспыхнуло.

— Ню, ню, грюбий мужик! Мой дило есть! Веди! — крикнул он.

Детина тотчас смирился.

— Иди, что ли! — сказал он и, замкнув калитку, повел его по двору к большой избе. Иностранец положив на нож руку, твердо ступал за ним.

Детина ввел его в темные сени, провел через просторную горницу, в которой у стола, за штофом вина, двое каких-то посадских играли в кости и, пройдя темную кладовку, ввел его в другую небольшую горницу, сказав в полутьму кому-то:

— К тебе, хозяин!

После этого он ушел.

Иностранец остался один и, напрягая зрение оглянулся.

Полутемная горница почти до половины была загорожена огромной печью. В углу горницы перед закоптелым образом трепетно мерцала лампада.

В душном воздухе пахло пылью, мятой, сырой кожей, потом, образуя смрадную атмосферу; сквозь небольшое слюдяное оконце тускло светил догорающий день. Иностранец разглядел у окна маленький стол с лавкою подле него и, шагнув к нему, опустился на лавку.

В тот же миг с печки раздался сухой кашель, с лежанки свесились грязные босые ноги и маленький, корявый мужичонка, с поредевшими рыжими волосами, опустился на пол и щурясь подошел к пришедшему.

— Кха, кха, кха! Что-то не признал тебя, добрый молодец, — заговорил он, шепелявя и кашляя. — Откуда ты? Кто? Какой человек тебя ко мне прислал?

И он закашлявшись опустился на длинный рундук, что стоял по стене, и заболтал головой. Красноватый отблеск заходящего солнца ударил в оконце и осветил мужичонку.

Маленького роста, с ввалившейся грудью и с рыжей лохматой головкой на длинной, тонкой шее, он казался жалким заморышем; но стоило приглядеться к его лицу, чтобы тотчас переменить о нем мнение и, вместо сожаления, почувствовать страх и брезгливость.

Реденькая бороденка и вылезшие усы почти не прикрывали его тонких синеватых губ, искривленных усмешкою; маленькие подслеповатые глаза глядели как-то в сторону, но в то же время неотступно следили за каждым движением гостя; тонкий нос, загнутый книзу, казалось, нюхал воздух.

Это был Федька, по прозванию Беспалый, бывший тягловый мужик боярина Сабурова.

Если другим тяжелые дни смутного времени принесли горе и разорение, то ему они дали возможность нажиться, и он, не брезгуя ничем, жадно и торопливо набивал свою мошну.

Он раньше был в вотчине боярина под самой Калугой, в то время, когда там жил Калужский вор с Маринкой, с паном Сапегой, с князем Трубецким, с Заруцким и несметными войсками. Вотчина боярина должна была доставлять часть довольства вору, и Федьке поручено было возить в Калугу боярское добро. В то время Федька не мало поживился от поляков, служа им шпионом. Немного спустя, когда поляки, обиженные боярином Сабуровым, убили его и разорили его усадьбу. Федька вместе с ворами залез в боярские хоромы и во время пожара и битвы натаскал там всякого добра, да кроме того успел подглядеть, куда верный боярский холоп упрятал боярскую казну. Поздно ночью забрался он в заветное место и открыл боярскую кубышку.

Вскоре вора убили, и в Калуге началась такая суматоха, что

брат убивал брата. Федька, не долго думая, захватил свою казну и пробрался в Нижний, где занялся тотчас корчемством. Он буквально не терял мгновения и даже в великий момент поднятия народного духа, когда Минин Сухорукий тронул все сердца на успех родного дела, подле его трибуны вдруг стала расти куча денег и сокровищ, — Федька сумел из этой груды уворовать немало ради своей пользы. Как шакал, он шел за ополчением, торгуя вином и пивом, держа у себя скоморохов, и, наконец, когда относительный мир осенил Русь, он окончательно переселился в Москву, выстроил себе на берегу Москвы-реки крепкий дом и стал содержать рапату. Так назывались в то время тайные корчмы, притоны пьянства, игры и всякого бесчинства. Пьяница, распутный ярыга и боярский сын, подлый скоморох и иноземный наемник находили здесь все и во всякое время: вино, игру, табак и даже деньги, если у нуждающегося была какая-нибудь рухлядь.

Как паук сидел Федька в норе и ткал свою паутину...

Теперь кашляя он зорко осмотрел пришедшего и уже успел сообразить, за каким делом тот пришел к нему. Иностранец дал ему прокашляться и ответил, коверкая слова:

— Я будить капитэн, Иоганн Эхе, а посилял мине к тебе мой камрад Эдвард Шварцкопфен...

Федька затряс головой и вздохнул.

— Помню, помню! Я ему коня достал и десять рублей дал. Хороший был воин! Сколько он мне добра приносил! Теперь уж нет того. Ляхи, будь они прокляты, все побрали. Чего не унесли, в землю закопали, а остальное опять в казну ушло. Теперь князья-то да бояре оправляться стали; теперь и кубок, и стойку, и братину без торга взяли бы, а их то и нет!

Федька развел руками.

— Ню, ню! — улыбаясь сказал Иоганн Эхе, — я тебе буду услужайть. Смотри, вот это я тебе принес. Возьми пожалуйста!

С этими словами он откинул свою епанчу и протянул Федьке кожаную торбу. Федька торопливо вскочил с сундука, и глаза его хищно сверкнули, но он поспешил сдержать свой порыв.

— Сем-ка, я огонь засвечу, — сказал он и нагнулся к подпечью, откуда достал каганец со светильней, воткнутой в остывшее сало, и горшочек с углями. Присев на корточки, он раздул уголья, запалил об них тонкую лучину и зажег светец. Светильня затрещала, и огонек, тускло мигая и коптя, слабо осветил часть горницы. Федор поставил светец на пол, подошел к двери, заложил ее на щеколду, заволочил оконце и тогда только, подойдя к столу, развязал дрожащими руками торбу. Эхе, опершись локтями на стол, с ожиданием смотрел на него.

Федька вынул наперстольный крест, смятую серебряную чашу, кубок, два ковша и целую горсть самоцветных камней. Раскосые глаза его засветились, жадность озарила его лицо, но осторожная скупость торговца победила его волнение, и он, притворно вздохнув, сказал:

— Ох, хорошие штуки, да где мне, убогому, взять их! — и он отодвинулся от стола, с удовольствием видя, как изменилось вдруг лицо Эхе.

— Возьми, пожалуйста! — заговорил тот просительным тоном. — Я здесь совсем чужой, никого не знаю. В Стокгольм хотел бывать, здесь остался; в Стокгольм ехать — ничего нет; здесь служить — коня надо, кушать надо, искать надо, до царя идти. Возьми, пожалуйста!

— Хорошего коня я тогда твоему латинцу достал! Ой хорошего! Тогда другие дела были: тогда деньги везде были, в грязи деньги валялись, а теперь... — он развел руками и окончил решительным тоном: — Нет, пойти к другому!

— Я никого не знай тут, — ответил жалобно Эхе.

Сильный, молодой швед смотрел с мольбою на плюгавого Федьку, которого в другое время, может, раздавил бы как гадину.

И тогда, и теперь, и во все времена нужда одинаково унижала достойного перед недостойным.

Федька опять вздохнул.

— И то, сказал он сочувственно, — пойдешь на базар продавать, сейчас какой-нибудь дьяк или приказный привяжется: откуда? Краденое! Тут тебя сейчас в разбойный приказ и руку отрубят, и вещи отберут.

20

Эхе побледнел и судорожно схватился за рукоять ножа.

— Откуда у тебя это все? — спросил Федька, — награбил?

Эхе вдруг вспыхнул и так хлопнул по столу широкой ладонью, что Федька мигом отскочил в сторону.

— Мой не вор — запальчиво ответил швед, — мой воин! С генерал Понтусом Делагарди мой ваших врагов биль, в Тушино биль, в Москва биль; с генералом Горном ходиль тоже! Да! Мой не вор! Ви вор! Когда нам субсидиум не даваль, ми на Псков ходиль, потом с генералом Понтусом и Горном Новгород брали! Много наших убили, ну, и ми! Ми все брали, жгли, резали! Все наше! Ми кровью взяли, с оружьем! Я для этого верно половин гросс резал! Вот!

Он пришел в одушевление, махал ножом, и шрам его горел словно раскаленный железный прут.

— А ты говоришь: краль! Мой не вор! — Он тяжело перевел дух и вдруг кротко улыбнулся и смиренно повторил: — Купи, пожалуйста!

Федька, дрожавший и читавший уже отходную, снова почувствовал свою силу и вылез из-за печки, куда забрался от страха.

— Ишь ты какой! — сказал он. — То "пожалуйста", то ругаешься. Ну, да ин быть по-твоему! Сколько тебе денег надо?

Лицо Эхе сразу ожило.

— Дай два сорок талеров и хорошо будет!

Федька подпрыгнул на месте, услыхав такую сумму, и хлопнул даже руками по бедрам.

— Али ты не в уме? — воскликнул он! — Два сорок! Да у кого есть теперь столько денег? У казны, разве! Я бедный смерд, Федька убогий, и два сорок! Полсорока хочешь, а то бери себе! — окончил он грубо и отодвинул от себя торбу.

Глаза Эхе вдруг потухли, лицо побледнело; он уныло опустил голову, но здравый смысл подсказал ему, что все равно, выхода ему нет, и он покорно ответил:

— Карашо! Ты меня грабил, а не я. Только я буду два, три яхонты брать себе.

Федька так обрадовался своей сделкой, что не стал спорить.

21

Эхе со смутным пониманием отобрал четыре лучших камня и тщательно спрятал их за пояс.

— Постой за дверьми, пока я управлюсь! Я скоро, — сказал ему Федька, не желая при нем лезть в сундук за деньгами.

Эхе послушно вышел и остановился в сенях, слушая как Федька отпирает свой сундук и звенит деньгами. В эту минуту со двора к сеням подошли люди и невольно привлекли на себя внимание Эхе. Он стоял в темных сенях и с недоумением смотрел на них. Рыжий, кривой поводырь, бросив на двор медведя, тянул за руку хорошенького мальчика, который заливался слезами; маленький раскосый мужичонка шел рядом и держал мальчика за другую руку.

Они вошли в сени и, наткнувшись на рейтара, видимо, смутились, но раскосый быстро оправился и спокойным голосом спросил Эхе:

— Федька-то в каморе, што ли?

Эхе был поражен виденным и невольно произнес вместо ответа:

— Зачем у вас мальчик этот? И чего он плачет? Мальчик! — нагнулся он к ребенку, — ти кто?

Но рыжий быстро и грубо рванул мальчика за руку и заслонил его собою.

— Ты, мил человек, сказал он резко, — за своим присматривай добром, а другому в кошель не запускай лапу!

— Я! Я вот хочу знайть!.. — вспыхнул Эхе, но в эту минуту Федька раскрыл дверь, увидел, в чем дело, и поспешно позвал к себе воина.

— На тебе деньги, считай! — сказал он, махая рукой рыжему, который ввел ребенка. Эхе успел их заметить, считая деньги и укладывая их за пояс. Уложив деньги, он почувствовал что голоден и устал, и сказал хозяину:

— Я у тебя заночевайть буду. Мой хотел на Кукуй, но не знай пути.

Федька ласково кивнул ему.

— Исполать! Иди! Иди! Там все найдешь: и табак, и карты, и зернь, и вино. Прямо через сенцы иди! Вона дверь! — ответил он, толкая его из горницы.

22

Эхе пошел, но едва дверь за Федькой закрылась, он вернулся к ней и стал слушать. Гудел рыжий, пищал раскосый, шепелявил Федька, плакал жалобно мальчик, и Эхе, с трудом прислушиваясь к быстрой речи, понял, что мальчик приведен по приказу Федьки за десять рублей и что мальчик боярский сын. Послышался звон денег, и Эхе едва успел войти в общую горницу, как сзади его послышались голоса рыжего и Федьки.

4

Когда вошел капитан Эхе в большую горницу он не узнал ее сразу, такое буйное веселье царило в ней вместо прежней тишины. В большой печи ярко горел огонь, не смотря на душный, летний вечер; в трех углах в высоких поставцах горели пучки лучин, наполняя густым, едким дымом горницу и застилая им низкий потолок. За двумя длинными столами, что стояли по сторонам горницы, в различных позах сидел всякий народ с разгоряченными лицами. Одни играли в косточки, другие в кости, третьи, собравшись кучкой, просто пили водку и пиво. Среди нарядов мужчин виднелась и дерюга, и поскона, и суконный кафтан, и воинский убор У конца стола сидел почти раздетый пьяный арыга и, стуча оловянной чаркою, кричал:

— Лей в мою голову! — остались еще алтыны от материнского благословения!

Подле него расположилось несколько стрельцов, дальше знакомые нам скоморохи, какой-то купчик из рядов, все с пьяными лицами, то задорными, то добродушными.

По горнице, услуживая гостям, юрко сновали два подростка в синих дерюжных рубашках без опоясок, грязные, босоногие. В углу горницы, подле печи, стояла бочка с водкой и два бочонка с пивом, и подле них сидел тот самый парень, который отворил капитану калитку.

Эхе вошел, огляделся и сразу узнал давно знакомую ему

23

картину. Он почувствовал за своим поясом тяжелые талеры, вспомнил, как в своих походах он купил и веселился, и тотчас же махнул рукой одному из подростков. Тот мигом понял его знак и торопливо поднес ему оловянную кружку с водкой.

— Пей во здравие! — сказал он, кланяясь гостю. Эхе кивнул ему, встряхнул головою, поднял кружку и залпом осушил ее, прищелкнув языком от удовольствия.

Близ сидящие заметили рейтара и с любопытством следили за ним.

В то время уменье выпивать считалось одною из доблестей, и всем понравилась молодецкая ухватка Эхе.

— Вот это по нашему: хлоп и нету! — закричал ярыжка, взмахивая руками как крыльями.

— Иди к нам, ратный человек! — позвали его к себе стрельцы.

Эхе сел подле них.

— Тащи, малец, братину! — крикнул один из стрельцов. — Немчины славно рубятся, да и пить не дураки тоже!

— Дело говоришь, Михеич! — весело отозвался другой стрелец помоложе.

Мальчишка поставил на стол муравленный горшок, наполненный водкой, и небольшой ковшик. Михеич разлил им водку по кружкам.

— Откуда рубец у тебя, немчин? — спросил он.

— Этот? — сказал Эхе. — Ваш русский бил, в Москве когда были.

— Эге-ге! — усмехнулся Михеич, — может, и мой бердыш. Я тогда с князем Пожарским у Никитских ворот с немцами бился.

— Жарко бил! — сказал Эхе. — Кругом горит. Все кричат, тут русский воин, там русский: с города: и меч, и смола, и камни.

— А ты что же думал, немчин, что мы матушку Москву вам, псам, отдадим? — подходя пьяной походкой, спросил ярыжка.

— Мой ничего не думал. Мой служил у генерала Понтуса Делагарди, а он у генерала Гонсевского служил!

24

— Ну, вот и намяли бока! — захохотали кругом.

Эхе покраснел.

— Потому, что поляк глюпий, — сказал он.

Не ходи, кума, на лед,

Там провалишься!

Раздалась веселая песнь скоморохов, и они пустились в пляс. Один из мальчишек, изображая женщину, затоптался на месте, махая платком.

— Люблю! Отхватывай, Алешка! — закричал молодой стрелец.

В это время Эхе заметил кривого рыжего и его товарища. Они пили и о чем-то спорили. Эхе перешел на другое место и сел подле них, думая услышать имя хорошенького мальчика.

— Волчья сыпь! Пять рублей кожею дал, — говорил рыжий.

— Себе и бери их, а нам отдай серебро! — ответил раскосый.

— Тоже! Все пополам. Кожаные пропьем, а эти разделим. Эй, Алешка! закричал рыжий.

К нему подбежал плясавший мальчишка.

— Пить будем! Тащи красулю!

— Важно, ой, важно! — вскрикивал купчик, глядя на пляшущих скоморохов, и, вдруг, взвизгнув, сам пустился притоптывать.

Я в кусточки пошла,

Добра молодца нашла!!

Стены затряслись от топота ног.

— Вот как у нас, немчин! — кричал купчик отплясывая.

— Умеешь так? Уф! — и он упал на лавку, вытирая грязной рукою вспотевший лоб.

— Будет плясать! — сказал он, — пить станем. Всех пою! Молчаливый до времени, он стал теперь угощать всех водкой и заговаривал с каждым.

— Пирование у нас теперь будет. Эх! На три дня!

— Закурим! — отозвался угрюмый подъячий.

— Чай, и вы затем сюда пришли? — спросил Михеич у скоморохов.

— Вестимо, за тем же, — ответил раскосый, товарищ рыжего. — Теперь говорят, на площадь-то и мед и пиво выкатят: на три дня гулянка!

— Слышишь, из тюрем выпустят!

— Всем ярыжкам награда будет!

— Ну?!

— Кому плетью, кому просто тычком! — все засмеялись.

— Что же будить завтра? — спросил захмелевший Эхе.

— Ах ты, немчин, немчин! — с укором сказал купчик. — Завтра наш царь батюшка своего батюшку сустретить. Из полона вызволил его, сердешного, от ляхов поганых!

— Нас то завтра по всей дороге вытянут: стой! — гордо заявил молодой стрелец.

— А вы, чай, к Федьке за ребятишками? — спрашивал временем рябой подьячий у рыжего.

— Вестимо, не без этого, — ответил он. — Калечных надоть да плясунишку.

— Есть у него, есть! — сказал тот. — Намеднись он их штук шесть купил. Жмох!

— Уж это как быть должно!

Компания хмелела. У Эхе уже слипались глаза.

— Где у вас спать-то можно? — спросил он у старшего парня, что разливал водку.

— Клети есть для того, — ответил он, — идти хочешь? Эхе только промычал в ответ.

— Алешка, крикнул парень, — веди немчина в клеть на ночевку!

— Идем! — сказал шустрый Алешка и ухватил Эхе за епанчу и провел капитана в клеть, что стояла особняком в глубине двора; но Эхе не мог заснуть, не смотря на выпитое. Он снял тяжелые сапоги и латы, отвязал меч, но из осторожности не снимал кушака и камзола и ему было невыносимо душно в тесной клети; он вышел на двор, обошел избу и вошел в сад, который тянулся позади нее. Бродя по саду он наткнулся на большой деревянный сарай с маленькими оконцами.

Чем-то таинственным, мрачным веяло от этого здания,

запрятанного в чаще, особенно теперь, среди ночной тишины и мрака. Эхе, положа руку на нож, осторожно обошел вокруг сарая и уже хотел уйти, как вдруг в стороне послышались шаги. Он спрятался за дерево и увидел Федьку Беспалого. Он вел за руку мальчика и говорил ему:

— Ну, ну, не хнычь! Здесь много таких мальчишек и девчонки есть. Тебе весело будет!

— Мамка моя! Мамка моя! Не хочу тут быть! — говорил мальчик, задыхаясь от слез.

— И мамка сюда придет! Ну, иди, что ли! — И, отворив дверь сарая, толкнул туда мальчика и снова запер дверь висячим замком.

Эхе вышел из засады, когда Федька удалился, и неохотно побрел в свою клеть. В своей походной жизни он видел всякие виды и приучился не вмешиваться в чужие дела; но этот мальчик и его участь как-то интересовали его помимо воли. Он вошел в клеть, но спать уже не мог и беспокойно ворочался с боку на бок. Наконец, встал, надел латы, взял шлем, опоясался мечом и вышел на двор, а потом на пустынную улицу.

5

Князь Теряев-Распояхин, во время пребывания своего в Москве, гостил всегда у Федора Ивановича Шереметьева, начальника вновь основанного аптекарского приказа, с которым сдружился после неудачного похода под Новгород против Делагарди, когда был ранен и лечился через него у врача Дия.

Федор Иванович души в князе не чаял и отвел ему на все времена две горницы в своем доме, который считался одним из самых богатых домов во всем Китай-Городе.

Сейчас после разорения построил ему эти хоромы немец из слободы.

Они были выстроены с теремами, с башенками, с клетями

и холодушками, с расписными печами внутри и затейливыми балясинами снаружи. На обширном дворе раскинулся еще добрый десяток изб да бани, да сараи, потому что Федор Иванович держал у себя до 500 человек челяди, как подобало знатному в то время человеку.

Князь Теряев не чувствовал у него ни малейшего стеснения и, случалось, даже не видел своего хозяина несколько дней; но теперь они все время были неразлучны.

Царь Михаил отличал их перед прочими, и они в совете помогали составить порядок встреч возвращавшегося Филарета Никитича. Царь поручил князю Теряеву стеречь приближение Филарета к Москве и тотчас известить его об этом, чтобы самому во-время поспеть для встречи.

С раннего утра уезжали и Шереметьев и князь из дома, один в приказ и боярскую думу, как единственный государственный человек, другой к царю для беседы и, сходясь дома за обедом, они говорили между собою о делах государских.

Оба они одинаково радовались возвращению твердого, решительного и смелого умом Филарета.

— Конец царевым приспешникам, — говорили они, — будет! Не все потехи, теперь и дело будет!

И эту радость с ними смутно делили все русские...

Еще чуть брезжило утро, когда Влас скорее свалился, чем сошел с коня перед домом Шереметева и стукнул кольцом в калитку.

— Кто стучит? — спросил его сторож.

— Господи Иисусе Христе, помилуй нас! Влас, смерд князя Теряева!

— Аминь! — послышался голос, и калитка медленно отворилась.

— Куда коня поставить? В доме ли князь-батюшка? — спросил Влас, снимая свой колпак.

— Коня-то во двор, — там коновязь есть, — ответил сторож, отворяя ворота, — а что до князя, то оба — два только обедню отстояли и тотчас на Верх поехали.

28

Влас видимо ожил.

— А стремянные его, Антон?

— Тот здеся. Вон, четвертая изба под ваших людишек отведена. Там и коновязь.

— Прости, Христа-ради! — сказал Влас и, держа в одной руке свой шлык, а в другой коня за повод, пошел по указанному направлению.

— С Богом! — ответил сторож, затворяя тяжелые ворота.

Влас дошел до большой, просторной избы и, привязав коня, стукнул в дверь.

— Господи Иисусе Христе, помилуй нас!

— Аминь! — ответили изнутри. Влас отворил дверь и вошел Охрана Теряева, большею частью бывшие шиши в смутное время, сидела за столом и хлебала любимое толокно [похлебка из овсяной муки] из большой мисы. Увидев Власа, все радостно загалдели:

— Влас! Али в гонцах?

— Здорово! Садись с нами!

— Какие вести? С чем радостным?

Все ли здоровы?

Влас истово помолился в правый угол и потом отвесил всем общий поклон.

— Хлеб да соль! — сказал он.

— Садись к мисе ближе, — ответил ему за всех Антон, — речи после будет. Чай умаялся?

Влас присел, взял ложку, перекрестился и жадно принялся за еду. Только тогда, когда очищена была вся миса и Влас положил ложку, Антон спросил:

— Ну, с какими вестями? До князя?

Влас вздохнул.

— До князя! — ответил он, — а как сказать и в ум не возьму. Гневлив он и лют во гневе-то.

— А что за вести? — снова спросил Антон, — али худые?

— Вести-то... такие вести. Одно слово: кнут вести!

— Да не томи нас-то! — крикнул Антон. — Али на глаз князю?

— Не для-ча на глаз. И так можно. Сорому нет, а только...

— Эх, лисий хвост, будешь говорить, что ли!

— Что говорить-то! В два слова вести-то: князюшку нашего скоморохи скрали, и матушка-княгиня вне себя в бане лежит, воет!..

Антон вскочил, но тотчас опустился на лавку и словно окаменел.

— Что ж, погоню-то нарядили?

— А когда стрянулись?

— Как выкрали-то? — послышались вопросы, на которые Влас только отмахивался. Антон залпом выпил целый ковш квасу и оправился.

— Ох ты, Господи, беда акая! — сказал он сокрушенно.

Влас сумрачно зачесал в затылке.

— Теперь и рассуди, каково мне ему эту весть принести.

— Убьет, как есть, убьет!

— Ну, вставай с лавки, — сказал Антон, — ложись спать и не думай! Я сам князю про горе расскажу, а ты опосля придешь, позову!

Влас вскочил и поклонился Антону, коснувшись руками до полу.

— По гроб жизни тебе спасибо, Антон Дементьевич! — сказал он с чувством.

Все полегли отдохнуть, только один Антон не мог заснуть после полученной вести и сумрачный ходил по заднему двору, поджидая своего любимого господина и думая, как осторожно передать ему страшную весть; но размышлять долго не пришлось, потому что вскоре к нему подбежал шустрый отрок и сказал:

— Князи наверх зовет!

Антон побледнел и вздрогнул.

— Да рази он вернулся?

— Сейчас вернулся.

Антон перекрестился и с видом решимости пошел в княжеские покои.

Князь уже сбросил с себя кафтан и доспехи и теперь ходил по горнице в легкой синей ферязи поверх желтой рубахи.

При входе Антона он ласково кивнул ему и спросил:

— Что людишки наши?

— Живем твоей милостью, батюшка-князь, — ответил Антон и переминаясь прибавил: — Влас с вотчины твоей приехал.

— Влас? — встрепенулся князь. — Зови его! С какими такими вестями? Али худо? — он тревожно взглянул на Антона, и тревога его усилилась. Знаешь? Говори! — сказал он, подходя к Антону. Антон упал ему в ноги.

— Ох, батюшка-князь, дурные, черные вести! Не доглядели твои слуги верные......

Князь тяжело перевел дух.

— Что случилось? — тихо спросил он.

— Сына твоего скрали скоморохи! Княгинюшка...

— Сына? Скоморохи?! — не своим голосом вскрикнул Теряев.

Антон взглянул на него и испугался: так от гнева перекосилось его лицо.

— На коня! В погоню! Зови Власа! — снова закричал князь, быстро схватывая шлем и меч.

— Куда заспешил, Терентий Петрович? — послышался дружески веселый вопрос, и Шереметьев вошел в горницу.

— Домой, в вотчину, ответил князь.

Шереметьев развел руками.

— С чего? Али беда какая, упаси Боже?

— Беда и есть, — ответил князь. — Сына скрали! Наследника мово, сердце! — Он сжал руки так, что они хрустнули.

Лицо Шереметева сразу изменилось.

— Ах, горе какое! Ах, беда какая! Как же так? Кто?

— Скоморохи!

— А завтра тебе в ночь на встречу ехать!

— О, эта встреча! — воскликнул князь. — Ну как мне радоваться с ними, когда такая тоска в сердце? А? Что же ты, смерд? — крикнул он вдруг на молча стоявшего Антона.

Антон кубарем вылетел из горницы и, ворвавшись в избу, заорал благим матом:

31

— Вставайте, что ли, черти! На коней все, живо! Князь на вотчину едет!

6

Словно спасаясь от врагов, мчался князь на своем аргомаке, и за ним едва поспевала его малая дружина. Бурей пролетели они через деревни, что изредка встречались на их пути, вздымая облака пыли, и мужики, бросив свои работы, пугливо шептались:

— Видно, опять воры или ляхи на нас идут: ишь, как князь Терентий Петрович промчал!

— Борони Боже! Може на его вотчину наехали!..

На пятой версте, Антон, задыхаясь, сказал князю:

— Князь-батюшка, дадим коням передохнуть: неравно зарежем таким угоном!.. самим хуже будет!..

Князь словно очнулся и взглянул на своего коня. Кровавая пена летела с него клочьями, бока судорожно вздымались и, когда князь сдержал его бег, видно было, как дрожали его ноги.

— Твоя правда, — ответил с досадою князь. — Передохнем часа с два времени. Коней отводить, потом вытереть досуха и напоить! Ишь замаялись! А ко мне Власа зови!

Князь сошел с коня у дороги и, войдя на опушку леса, стал ходить взад и вперед. Антон принял его коня. Дружинники, друг за другом подъезжали к месту стоянки на измученных конях и облегченной вздыхали, с трепетом косясь на сумрачного князя.

Антон осторожно подошел к князю и положил на землю высокое седло. Князь в изнеможении опустился на него.

— Иди до князя! — сказал Антон Власу, когда тот подъехал.

Влас взглянул в строну князя и обомлел.

— Забьет! — прошептал он.

— Иди, чтобы хуже не было, — повторил Антон.

Влас сделал несколько шагов и, не доходя до князя, упал на колени и пополз к нему, воя и причитая:

— Будь милостив, государь! — неповинен я, подлый смерд твой, в беде твоей! Послали меня, раба твоего недостойного, умишком скудного, до твоей милости, чтобы всю правду тебе сказать, как перед Богом!

Он медленно подползал, ежась от страха, и все жалобно выл, надрывая душу. Князь поднялся с седла, взглянул на него, и у Власа на миг онемел язык, так грозен показался ему его владыка.

Высокий, плечистый, с сухим, острым лицом, обрамленным черными, как смоль, волосами, с горящим взглядом, князь в своем золоченом шлеме со стрелкою, в сверкающих латах, с мечом у бока, олицетворял, действительно, в эту минуту властную силу, не знающую преград в своем гневе.

— Говори все, как было! Откуда скоморохи взялись?

— На Москву шли, государь, по пути зашли к нам, по пути.

— Кто позвал?

— Княгиня-матушка зазвала. Скуки ради, потешить чтобы ее, государыню, и князюшку.

— Днем?

— Днем, государь, сейчас, почитай, после обеда.

— А потом ушли и увели?

Влас задрожал при его вопросе.

— Не так государь, — пробормотал он, — опосля они у нас заночевали, а в утро...

— Ночью бражничали?

— Не смею утаить! Было!..

— Ну, ну!..

— Под утро. Ушли это они и все. А потом князюшка с сенными девками в сад убег, в прятки, слышь играли. Он и сгинул. Пошли искать, а из тына целая тычина вынута, а подле той тычины государыня опоясок нашла и обмерла.

Князь вскочил, как ужаленный.

— И княгиня больна, государь! Меня девка Наталья к тебе погнала, а Ерему за бабкой, а Акима в погоню. Может, и нагнал злодеев-то!

Князь схватил руками за голову. И жена больна! Может умирает!

— Что с княгиней? — спросил он мрачно.

Влас снова стукнулся лбом в землю.

— Ушибиха, государь! — слезливо ответил он. — Бьет ее сердешную, карежит, и кричит она криком.

Князь опустился на седло и снова вскочил. Может, она умирает, а он ждать здесь будет — и, не в силах сдержать своего нетерпения, он приказал снова седлать едва передохнувших коней.

Садясь на коня, он вдруг словно вспомнил.

— А ты бражничал тоже? — спросил он Власа.

Тот упал ему в ноги.

— Согрешил окаянный, как и все.

— Двадцать батогов! — сказал он Антону и вскочил в седло. И снова началась бешеная скачка.

Мрачные мысли заполнили голову князя. Скрасть его наследника, его гордость! Не иначе тут, как чей-то злой умысел. Слов нет, крадут детей скоморохи, но еще слышно не было, чтобы из княжьей усадьбы увести осмелились. Может, и дома где-нибудь гнездится измена.

— Я покажу им! — почти вслух произнес князь, и в глазах его словно сверкнули молнии.

Наконец показалась усадьба. Князь вынесся вперед, оставив всех далеко за собою, и, подлетев к воротам, быстро соскочил с коня. С наворотной башенки его заметили еще издали и, едва он подъехал, как ворота распахнулись настежь. Мрачнее тучи вступил князь на свой широкий двор и почти не взглянул на челядь, которая стояла на коленях позади Степаныча, растянувшегося плашмя.

— Где княгиня? — спросил он, ни на кого не глядя.

— В бане, государь-батюшка! — ответило несколько робких голосов.

Князь тут же на дворе снял свой меч, шлем и латы, отдал их Антону и в одном шелковом кафтане пошел прямо в баню, что стояла на заднем дворе, невдалеке от сада.

— И будет вам ужо! — сказал Антон перепуганной дворне.

Князь вошел на крыльцо бани и несколько мгновений простоял, собираясь с силой; потом разом толкнул дверь и вошел в первую горенку. Там сидела высокая, сухая, с желтым, сморщенным лицом старуха и несколько сенных девушек. Увидев князя, они взвизгнули и, как дворовая челядь, повалились князю в ноги. Одна старуха не стала на колени и смотрела на князя живыми черными глазами.

Князь пытливо посмотрел на нее и спросил:

— Ты и будешь бабка-повитуха, что из Коломны?

Старуха отрывисто поклонилась князю в пояс и ответила:

— Истину, батюшка, молвил: я и есть!

— А звать тебя?

— Звать, батюшка-князь, Ермиловной от Сорочьих.

— Ты и княгиню пользуешь? Что с ней?

— С испугу лихая болезнь, батюшка. Опять и гнева твоего боится. Как подумает о тебе, так ее и бьет. Ты уж не будь к ней немилостив! — бойко проговорила она, снова отрывисто кланяясь.

Князь сверкнул на нее взором, но она не опустила своих глаз.

— Ведь и ей не радость. Сынок-то, что свет в окошке, — продолжала она. — Я к тому, что теперь она в расслаблении. Напугаешь ее, корчи снова зачнутся и не заговорить мне. Помрет!

Князь вздрогнул и отступил.

— Помилуй Боже! — сказал он смирясь. — А заглянуть можно?

— В щелочку! Подь сюда!

Девки все время стояли на коленях и давались диву, как сумела смирить Ермиловна грозного князя. Воистину, привороты всякие знает!..

— Посмотри, пойди! — говорила тем временем старуха, — а я подготовлю ее, болезную, а опосля до нее придешь.

— Ладно, старая, — ответил князь и осторожно заглянул в щелку. В предбаннике, прямо на полу, на пышной перине

35

лежала молодая княгиня в полубесчувственном состоянии. Бедная! Как побледнела она: лежит, что плат, белая. Лицо осунулось, нос и подбородок заострились, а вокруг глаз легли темные круги. Сердце князя сжалось тяжелым предчувствием. Он обернулся к старухе.

— Умрет — не видать тебе Коломны!.. — сказал он.

— Зачем умирать? Жить будет, — ответила старуха. — Иди пока что, а то еще по голосу признает, всполохнется.

Князь осторожно вышел и прошел в дом. Там он вошел в молельню, всю завешанную образами, и упал на колени перед иконою Николая Чудотворца. Некоторое время он лежал молча, прижавшись лбом к полу, потом поднял голову и, широко крестясь, заговорил громко и внятно:

— Святый угодник и чудотворец, вразуми и наставь! Да не знает мое сердце злой неправды, да не опустится рука моя на невинного! Владыко и чудотворец, не оставь милостью: помоги найти сына, а я за то воздвигну храм имени твоего.

Он встал, приложился к образам и успокоенный вышел на крыльцо и позвал Антона.

— Зови Степаныча — сказал он, садясь на верхнюю ступеньку.

Не подошел, а подполз, как раньше Влас, к нему старший ключник.

— Ну, мой верный слуга, расскажи-ка мне, — начал с суровой усмешкой князь, — как ты скоморохов господским добром угощал да всю ночь с ними, старый пес, бражничал?

— Смилуйся, государь! — стукаясь лбом, заголосил, ключник. — С приказу княгинюшки брагой и пивом поил.

— Что ж это она на всю ночь гульбу заказала вам всем? Не верится что-то!

— Смилуйся — повторил Степаныч.

Князь встал.

— А сведи меня к месту, где татьба сделана!

Степаныч поднялся и дрожащими шагами пошел впереди князя.

— Туда, батюшка, указал он на место, где из тына был вытащен тяжелый столб.

Князь заглянул в яму.

— Ишь, локтя два земли выкопано, сказал он, — одному и не управиться. А кто дозорным ходил в ту ночь?

— Яшка-пузырь да Никашка, да Петька Гуляйко!

— Позвать!

Антон бросился к службами. Три здоровенных парня подошли к князю и упали перед ним на колени.

— Чай тоже бражничали? — спросил князь с усмешкой.

— Бес попутал!... — воскликнули все трое.

— А! Ну, всыпь им столько батогов, чтобы глаза на лоб вылезли, да здесь же, у колдобины! — распорядился князь и пошел назад к крыльцу.

— А кто с князюшкой был?

— Дашка да Матрешка!

— Позвать!

И снова, валяясь в ногах князя, завыли и заголосили две сенные девки.

В знак печали они успели отстричь свои длинные косы и разорвали сарафаны. Князь злобно посмотрел на них.

На том свете вы за радение свое ответите, а теперь под Казань грех замаливать пойдете. Есть там у меня вотчина, а по соседству монастырек. Туда и будете!

Дашка без чувств упала на землю. Из толпы челяди выступил огромный детина и опустился на колени.

— Смилуйся, князь: она невеста просватанная! Матушка-княгиня сама благословить изволила.

Князь нахмурился.

— Звать тебя?

Аким, во псарях у твоей милости.

— Ты погоню правил?

— Истину говоришь. Только что я мог? — он развел руками. — Лошаденки худые, кругом лес; опять, может, два часа, может, три — времени стрянулись. Они тропинками да чащей!

— С кем ездил?

— А тут пять людишек прихватывал.

— Всем по двадцати батогов! — решил князь и поднялся.

— Ему вдвое! — сказал он Антону, указывая на Степаныча.

Стон и крики огласили усадьбу. Князь сидел в своей горнице и, сжимая голову руками, снова думал неотвязную думу.

Кому надо? Не иначе, как по наговору сделано! И где спрятали? Может, и найти уже поздно. Убили, искалечили! И он вдруг вспомнил, как недавно казнили двух скоморохов за то, что подьячего сына скрали и очи ему выжгли. Вспомнил и вскочил, словно ужаленный.

— О-о-о! И что за горемычная доля! Что за муки мученические!

Искать! Он рванулся с лавки. А где искать? Куда гнаться? И он снова сел. Ну, хорошо! Завтра в эти дни много скоморохов на Москву придут. Наверное, и те воры будут, а что толку? Что же, всех в застенок не перетаскаешь!

Ах, не будь этих дней! Не будь этой встречи! — снова с горечью подумал он. Нарядил бы он погоню во все концы, сидел бы сам подле Аннушки и ждал бы вестей; а тут тоска на сердце, душа, что туча, — а должен ехать и со светлым лицом делить царскую радость.

Он заломил руки.

Лестно отличие царево, да подчас, ой, как тяжка его великая ласка!

— Батюшка-князь! — окликнул его с порога Антон, — девка Наталья до княгинюшки просит. Оповещена она.

Князь быстро встал и пошел к княгине. Все ушли и оставили их одних. Уж и целовались они и плакали! Горе словно крепче спаяло их, и князь, на миг позабыв о сыне, думал только о ее здоровье.

— Как выздоровлю по монастырям пойду. Отпусти меня, господин мой!

— Да нешто я супротив! Моли Бога, только сама-то, сама-то недолго недужься. Ты в монастыри, а я погоню наряжу да в разбойном приказе оповедь сделаю, да боярину Петру Васильевичу отписку дам. Пусть он в Рязани у себя поищет.

38

И долго они говорили, утешая и лаская друг друга. Лютая злоба стихла в сердце князя и сменилась тихой грустью. К вечеру он простился с княгинею.

— Завтра по Москве дела, а в ночь встречать нашего батюшку выеду. В почете мы!... — прибавил он с усмешкою. — А ты поправляйся! Бабка-то сама по себе, а дьячку вели у нас в молельной читать все время!

Он вышел и отдал приказ Антону готовиться в дорогу.

— Да опроси челядь, кто из них лучше в лицо скоморохов помнит. Двоих в Москву возьми! Лошадей дать под них! Ну готовься!...

7

Не радостен и не светел лицом был князь Теряев, собираясь в ночь на великую торжеством встречу митрополита ростовского, Филарета Никитича.

— Ты уж не кручинься так-то! — уговаривал его Федор Иванович. Смотри, может, завтра твои людишки скоморохов соглядят. Тогда живо мальчонка найдем.

Теряев в ответ только вздохнул, обряжаясь в свои лучшие доспехи. Он надел дорогой шелковый тигиляй, поверх его легкий бахтерец с нашитыми на плечах, спине, груди и локотниках серебряными с золотой насечкою пластинками, надел наручни, наколенники из такого же серебра, легкие и блестящие, зеленые сафьяновые сапоги с серебряными подковами и подвязал меч.

Шереметьев вышел проводить его на крыльцо. Княжеские дружинники стояли нестройной толпою.

Антон держал в поводу серого в яблоках аргамака.

— Ну, пока что, прощай! — сказал Теряев, надевая на голову легкий шлем с острой, как конец копья, верхушкой. Шереметьев поцеловался с ним.

— В полдень встретимся. Я при царе буду.

— Ин так!

Князь легко вскочил на коня и взял в руки длинное копье. Дружинники в миг очутились тоже на конях. Ворота раскрылись, и конный отряд медленно поехал по спящему городу за реку Пресну.

Царь Михаил Федорович, чтобы почтить отца своего, выслал ему три почетных встречи: первую в Можайске с архиепископом рязанским Иосифом, с князьями Димитрием Михайловичем Пожарским и Волконским, вторую на Вязьму: с вологодским архиепископом Макарием, боярином Морозовым и думным дворянином Пушкиным, третью — с митрополитом Ионою, князем Трубецким и окольничьим Бутурлиным — на Звенигород и на полпути — князя Теряева-Распояхина с тем, чтобы увидев великого страдальца, упредить его и, прискакав до царя, оповестить о приближении его батюшки.

Князь проехал верст двадцать и стал станом, далеко вперед себя услав четырех конных, чтобы они, влезши на деревья, сторожили с вышек дорогу.

Сойдя с коня, но не снимая доспехов, встретил он восходящее солнце с мрачными думами и тоскою на сердце. Всюду мерещились ему то его Миша, то любимая жена. Мечется она, быть может, умирая, и в тоске кличет его; а он должен со светлым лицом оповестить царю великую радость. Видится ему Миша: тащат его лютые разбойники, каленым железом выжигают его светлые глазки; бьется он в руках палачей, зовет своим голоском тятю; а его тятя должен со светлым лицом оповестить царю великую радость.

— Горе мне, горе! — закричал не своим голосом князь и в отчаянии упал в траву ничком.

Холодная роса смешалась с горячими слезами и смочила лицо и волосы князя.

Антон, видя отчаяние своего господина, перекрестился и вздохнув сказал:

— Не коснусь до волос своих ни бритвой, ни ножницами, пока не объявится молодой князюшка!

Этот обет и несколько утешил его волнение; как вдруг он увидел мчащихся к ним четырех всадников.

— Едут, едут! — кричали они, показываясь в облаках пыли.

Антон подошел к князю и тихо позвал его. Князь поднял голову, и лицо его выражало полное недоумение, словно он только что проснулся.

— Едут! — сказал Антон своему господину.

Князь тотчас вскочил на ноги и быстро оправился.

— Коня!

И они помчались, гремя доспехами, в Москву. Толпы народа уже запрудили улицы. Антон скакал впереди и громко кричал:

— Дорогу князю! Дорогу гонцу царскому!

Народ испуганно шарахался в стороны, давя слабых и толкаясь.

Князь со своим отрядом добрался до Кремля и сошел с коня.

На площади, от царского терема, от самого Красного крыльца, князь Трубецкой двумя шпалерами ставил стрельцов в зеленых кафтанах с алебардами в руках.

Увидев князя, он кивнул ему.

— Едут! — ответил князь и вошел в теремные ворота.

Во дворце шла суета. Окольничьи бояре, думные, стольники, кравчие, все, кто знатные и местом выше, толпились в царских покоях, готовясь к выходу. В длинных парчевых кафтанах с воротами, подпиравшими их стриженные в скобку затылки, с длинными бородами, в высоких шапках, они важно ходили и стояли, не в силах сделать ни одного свободного движения.

Увидев князя, они все окружили его. Он поднял руку и сказал:

— До царя батюшки! Где царь?

— В молельной! — ответили все хором, а боярин Стрешнев прибавил:

— Сейчас из Вознесенского прибыл. У матушки-царицы, дай ей Бог многие лета здравствовать, благословение принял.

В это время к князю подошел окольничий Борис Михайлович Салтыков.

— Государь — батюшка в беспокойстве...

— Иду — ответил князь.

Царь Михаил Федорович, окруженный слугами, перешел из молельной в свой покой.

Князь вошел и опустился на колени.

— Государь, твой батюшка, да продлит Бог его жизнь, на три часа времени пути от Москвы, — сказал он и, ударившись лбом об пол, поднялся на ноги.

Царь милостиво кивнул ему головой.

— Спасибо на доброй вести, князь Терентий! Жалуем тебя к нашему столу на пирование.

Князь снова стал на колени и стукнулся лбом в землю.

— Жалуешь не по заслугам убогого раба своего, — сказал он.

— А теперь пойди, милостиво приказал государь, — прикажи звон поднять. Уж и велика радость моя! — прибавил он.

Его молодое, несколько грустное лицо осветилось неподдельной радостью, и на карих глазах блеснули слезы.

— А мы, государь, твоей радостью рады, холопы твои! — поспешно ответили ему окружавшие его бояре, рабски целуя его в плечо и почтительно беря под руки, чтобы вести. Князь вышел на Красное крыльцо и махнул рукою. И тотчас загудели колокола Успенского собора; их звон подхватили колокола, доски и била других церквей, и воздух наполнился радостным гулом.

Тронулось шествие из Кремля с хоругвями, с крестами и иконами за реку Пресну.

Народ двигался густыми волнами по улицам, ломая напролом боков своих заборы, срывая ставни, давя и толкая друг друга. Все двигались к месту встречи царского отца с сыном, и скоро огромное поле было все заполнено людьми всякого звания, возраста и пола.

Капитан Эхе, несмотря на жару, в своей прильбице, латах и епанче, терся тут же в толпе, стараясь протискаться вперед. Он так работал локтями, словно гуляй городок в разгар битвы, и со всех сторон на него сыпалась отборная брань.

— Ах, латиниц оголтелый, чтоб тебя разорвало!

— Куда прешь, леший? Не видишь, — живая душа?

Но капитан смело двигался вперед и, наконец, остановился в переднем ряду, рядом с каким-то дьяком. Нос у дьяка был сизый, обрюзглое лицо лоснилось от пота, синие губы отвисали, и он бормотал про себя:

— Господи Иисусе Христе, Сыне Божий!

— Едут! Едут! — гулом пронеслось в толпе.

И, действительно, в облаках пыли показался торжественный поезд. Впереди шли вершники по два в ряд, за ними целый полк стрельцов, потом послы, ездившие за высокими пленниками, и, наконец, огромная карета, запряженная восемью лошадьми цугом, а сзади царские встречные, посланные вперед, и опять стрельцы и дружины высланных навстречу князей и бояр.

И едва показалось это шествие, как в царском стане все пришло в движение. Заколебались в воздухе кресты, завеяли хоругви и длинным рядом установилось духовенство по чину.

Царь без шапки, с радостным, ликующим лицом, пошел быстро, забыв о царском сане. Шествие остановилось. Из колымаги вышел высокого роста человек в монашеской рясе, в клобуке, и двинулся к своему царственному сыну.

После тяжкой разлуки и волнений, сын увидел своего отца, перед которым в робости своей привык всегда покорно смиряться.

После гонений и плена, отец увидел своего сына, возмужавшего, окрепшего, волею народа вознесенного на необычайную высоту.

И взволнованный отец, почитая высокий сан своего сына, упал на землю и распростерся перед ним. Сын с воплем изумления и радости упал тоже. "И оба лежаста на земле, от очию, яко реки, радостныя слезы пролияху", повествует летописец, описывая этот радостный момент.

Все поле огласилось плачем, но это были радостные слезы. С просветленными лицами поднялись враз отец и сын и заключили друг друга в объятия.

Народ обнажил головы и упал на колени.

Даже капитан Эхе сдернул свою прильбицу и стал на колени.

— Да, да, — бормотал он, — ошень должны быть радые!

— Ошень, ошень! — передразнил его дьяк. — "И ангелы ликуют на небесах", вот; а ты, латиниц, "ошень"! И дьяк поднял кверху палец.

Поезда смешались. Отец с сыном, держась за руки, вошли в колымагу, и все тронулись к Кремлю. Народ побежал рядом с колымагою, сдавливая участников торжества. Все уже знали, что на Красную площадь выкатили бочки вина, и все спешили на даровое пирование.

Гул от звона и веселых кликов стоял в воздухе. Филарет сидел, держа за руку своего сына, а другою благословляя народ, и слезы умиления катились по его суровому изможденному лицу.

— Словно вновь рождаюсь! — говорил он, а сын его заливался слезами и целовал отцовскую руку.

У Кремля их снова встретило духовенство. Филарет вышел из колымаги и приложился к выложенным иконам. В соборе его встретил приехавший в Москву в то время Феофан, патриарх Иерусалимский, и отстоял благодарственный молебен. Филарет вошел, наконец во дворец и почти час оставался глаз на глаз со своим венчанным сыном. В Москве шло пирование. Выпущенные из тюрем колодники, пропойцы, ярыжки и скоморохи метались по улицам, наполняя их криками, песнями и бесчинствуя среди общего ликования.

8

Великий отец венчанного сына твердым шагом вошел в царские палаты и сказал сыну:

— В молельную!

Сын повел отца через приемные покои, через тронную

палату, через свои горницы и ввели его в угловой покой, весь завешанный образами, перед которыми в драгоценных паникадилах тускло мигали неугасаемые лампадки. Дневной свет, врываясь через разноцветные стекла окон, побеждал таинственный сумрак углов, и свет лампадок тенями скользил по строгим ликам угодников.

В углу перед киотой стоял аналой, а перед ним был разостлан коврик.

Филарет вошел, осенил себя широким крестным знаменем и, став на колени, припал головой к полу.

Сын опустился с ним рядом в своем великолепном царском уборе, и трогательную картину они являли собою в этот торжественный момент.

С почтением, близким к благоговению, смотрел сын на своего отца; а тот в темной расе, с серебристыми волосами, со строгими чертами подвижнического лица, подымал свой стан, благоговейно крестился и снова падал ниц перед иконами.

Сын не мог молится, тронутый молитвами своего отца. Он смотрел и думал, как он мал и скуден перед своим великим отцом, так много послужившим родине, так пострадавшим за нее и от свои и от недругов. Чувствовал он, что близок миг, когда отец призовет его к ответу, и собирался с думами, и трепетал, и боялся, забыв свой трон и венец и видя себя только покорным сыном.

А Филарет продолжал молиться, и слезы оросили его лик, и смягчились суровые черты его энергичного лица.

О чем он молился?

Неисповедимыми путями ведет Господь жизнь человека, умаляя великого, возвеличивая малого.

Может быть, перед умственным оком Филарета промелькнула вся его жизнь. С молодости судьба взыскала его, наградив умом, доблестью и красотой. В ранних годах, водя войска на окраины, он покрыл себя славой победителя и пленял всех обаянием своей личности. Было время, в царствование Федора и потом Бориса Годунова, когда он считался первым щеголем при дворе, и много женских сердец завидовали счастью Ксении Шестовой.

Но сильнее их завидовал своему боярину пугливый Борис Годунов и, наконец, разразился над ним опалою. Силой постригли его в монахи и заключили в Антониево-Сийскую пустынь, где он промучился шесть лет, разлученный с женой (тоже постриженной) и дорогими детьми. Димитрий Самозванец возвратил его, возвел в сан митрополита ростовского и ярославского и дал ему душевный покой. Но недолго наслаждался им Филарет Никитич. Наступило смутное время, когда он показал всю доблесть свою, величие духа своего, посланный для переговоров с поляками, и потом наступило тяжкое время пленения.

И вот сын его венчан на царство, сам он снова на родине и народ русский смотрит на него с упованием. Не его ли заслугами отличен и возвеличен Михаил, этот нежный, слабым умом юноша, подчиненный власти своей матери? Не на его ли плечи ляжет теперь крест, возложенный на слабую шею сына? И он то смиренно благодарил Господа за милость, посланную ему, и за величие сына; то, полный честолюбивых мыслей, просил у Господа благословения на трудный подвиг правления.

Наконец, он встал, освеженный молитвою, и нежно помог подняться сыну, царское одеяние которого по своей тяжести требовало не малой силы от носившего его.

— Благослови! — припал к его руке Михаил.

— Благословен будь! — ответил отец, осеняя его крестом, и помолчав сказал:

— Господь Бог, правя волею народа, наложил на слабые плечи твои великое бремя. Поведай же мне, что делал, что думаешь делать, кого отличил и кого карал за это время!

Сын покорно опустил голову.

— Где государевы дела правишь? — спросил отец.

— Тут, батюшка!

Михаил ввел отца в соседний просторный покой, уставленный табуретами и креслами без спинок; посредине его стоял стол, покрытый сукном, на нем стояла чернильница с песочницей в виде ковчега и подле них лежали грудой наваленные белоснежные лебединые перья.

Подле чернильнице на цепочке был привешен серебряный свисток, заменявший в то время колокольчик, тут же лежали уховертки и зубочистки, а посредине стола длинными полосами нарезанная бумага. Исписанные полосы потом склеивались и свертывались в трубку, образуя свиток. Невдалеке, сбоку, лежала грифельная доска с грифелем в серебряной оправе.

По стенам покоя стояло еще несколько столов. На одних лежали грубо начерченные географические карты и астрономические таблицы с символическими изображениями созвездий; на других стояли часы, до которых Михаил Федорович был большой охотник.

Филарет строгим взглядом окинул покой и опустился на кресло, положив руки на его налокотники. Царь, все еще в облачении, сел напротив, и некоторое мгновение длилось тяжелое для него молчание.

— Слышал я, начал Филарет, — что в великом разорении царство твое?

— В великом, — прошептал царь Михаил.

— Что от врагов теснение великое, казны оскуднение, людишками гладь и бедствия всякие?

Царь опустил голову, но потом поднял ее и заговорил:

— Как пришли послы от земли до нас с матушкой, мы тотчас отказались. Замирения нет, раздор везде, вражды и ковы. Со слезами просит стали. Что делать?..

Филарет задумчиво покачал головой.

— Млад был, — сказал он, — скудоумен: окроме кельи матери что видел?..

Царь покраснел.

— Оттого и отнекивался и трепетал венец принять, но умолила и благословила матушка.

Он перевел дух и, отстегнув запонки у ворота своего кафтана, продолжал:

— До Москвы шли, поляки извести хотели. Крестьянин с Домнина Иван Сусанин, спасибо, злодеев с дороги сбил. На Москву пришли — разорение. Двора нет. Все огнем спалено и народ в плаче и бедствии. Молился я Господу: "Вразуми!" Не было тебя, государь-батюшка, не знал кому ввериться.

Филарет кивнул.

— И пошли бедствия на нас отовсюду. Поначалу Заруцкий с Маринкою смуту чинили. Князя Одоевского послал. Избили их. Ивашку повесили, Маринка в Коломне померла. А тут шведы Псков разбивали. Князя Трубецкого послал, его войско рассеяли, шведы Новгород грабили, — стал замирения просить, а там Лисовский лях, яко волк, по матушке Руси рыскал, воеводу Пожарского его изымать послал, увертлив пес. Разбойники на Волге собрались. Ляхи обижали. А тут и все разом: Согайдачный с казаками приспел, ляхи с Владиславом, под самую Москву от Покрова подошли. Не помоги Пресвятая Богородица, взяли бы Москву, а меня полонили. Помогла Заступница, и отбились, а теперь сделали договор, что бы мир на четырнадцать лет и шесть месяцев.

— Знаю! — остановил его Филарет и встав начал тихо ходить по горнице. Лицо его сурово нахмурилось.

— Казны не хватало, — тихо продолжал царь, — спасибо, людишки помогли: весь скарб снесли! Опять земские посошные брали с каждого быка.

— Слышь, подле себя дрянных людишек держишь, — заговорил вдруг Филарет. — Михалка да Бориска Салтыковы что за люди? Скоморохи, приспешники! А Морозов в загоне, Пожарский в вотчине!..

Царь покраснел.

— Любы мне Салтыковы, — ответил он тихо. — Скука берет подчас, а они такие веселые. Опять матушка им быть при мне наказала.

Лицо Филарета вдруг вспыхнуло.

— Не бабьему уму в государственное дело вмешиваться. Ей грехи замаливать, а не царя учить!

Михаил затрепетал. Он уже чувствовал над собой могучую волю отца.

Филарет подошел к нему и заговорил:

— Господь избрал тебя священным сосудом милости Своей

48

и величия. Тяжкое бремя возложил на тебя народ твой, так будь царем: дай мир уставшим воевать, хлеба голодным, — будь покровом и защитою. Велик подвиг твой, так не скучать надобно и от скуки скоморохов держать, а трудиться неустанно, думая о благе народа своего. Окружить себя надо людьми ума государственного, а не бабьи наговоры слушать. Возвеличить имя свое надо и уготовить наследникам царство обильное, миром упокоенное!

Царь опустился на колени и проговорил потрясенный:

Батюшка, помоги!

Лицо Филарета просияло, он поднял сына и поцеловал его в лоб.

— Не оставлю тебя своим разумом! — сказал он. — Ну, а теперь, пожалуй, и опять на народ надобно. Заждались, чай тебя бояре: пирования ждут.

9

У храброго капитана рейтаров Эхе треском трещала голова в вечер торжественного дня въезда Филарета в Москву. Целый день он пьянствовал за царский счет и теперь сам не понимал, как снова очутился в рапате Федьки Беспалого. Он сидел на лавке. Рядом с ним, положив голову на стол дремал тощий дьяк с сизым носом, и тут же стояла огромная ендова водки, а с дугой стороны Эхе пьяный ярыжка, видимо, пил за счет капитана. В рапате стоял, как говорится, дым коромыслом: скомороший пляс, крик, песни, стук костей, громкая брань и ссора играющих.

— И вовсе ты не дьяк, сизый нос, — кричал ярыжка, видимо, чем-то задетый за живое. — У дьяка сума толстая, как брюхо, шапка бобровая, кафтан суконный; а ты есть оборвыш какой-то и шлык потерял!

— Яко пес брехающий! — поднимая голову, ответил дьяк, на миг протрезвляясь. — Язык плете, сам не разбере. С полгода назад я бы тебя в яме сгноил, на правеже бы забил, ибо был при пушкарском приказе отписной дьяк. Вот тебе, волчья сыть!

— А звать тебя?

— А звать меня Ануфрием Буковиновым!

— И врешь же ты, бесстыжие твои глаза! — с жаром вдруг вмешался в спор усатый стрелец. — Всех-то я наперечет знаю, и дьяки там испокон веков Федор Епанчинин да Василий Голованов, а ты просто отписчик из аптекарского приказа, а за пьянство тебя Федор Иванович Шереметьев палкою бил и со двора согнал.

— Ого-го! — загоготал ярыжка. — Пей, немчин, на посрамление его! Ай, да дьяк! Пьяница окаянный!

— Не пьяница я, брехун злоязычный, заплетающим языком ответил дьяк, не то есть пьяница, кто упившийся, ляжет спать, а то есть пьяница, кто упившийся, толчет, биет и сварится!

И с этими словами он опустил голову и захрапел.

— Водки! Табаку! Гуляй душа! — раздались в это время буйные крики, и ватага полупьяных, оборванных людей вломилась в рапату. Рыжий детина, что стоял у бочки за целовальника, мигом скрылся.

Толпа бросилась на бочку, поставив ее стоймя, и огромный мужик, вскочив вперед, могучим ударом кулака выбил из нее дно.

— Го-го-го! Ой, любо, братики, и мне! — загоготал пьяный ярыжка, выскакивая из-за стола.

В это время в горницу вбежал сам Федька Беспалый. Лицо его было бледно, волосенки растрепаны. Он поднял руки кверху и жалобно заголосил:

— Смилуйтесь, люди добрые! Мало ли вам дарового от царя-батюшки выставлено! Почто меня, сиротинку безродного, животишек решаете?

— Угощай, во здравие царей! — кричали пьяные голоса.

— Ой, бедная моя головушка!..

Федька беспомощно замахал руками.

— Добрый воин, помоги! — обратился он к Эхе. — Порешат они мое добро, ой, порешат!

— Я вам все покажу. За мной ребятки! — закричал ярыжка.

— Ой, не слушайте его, оголтелого, — завопил Федька, — сам меду бочки выкачу!

В горнице творилось нечто невообразимое.

Скоморохи и гулявшие гости, все присоединились к пьяной ватаге. Иные подле бочки торопились покончить с водкой, другие, открыв рундучок, набивали табачным зельем себе карманы, третьи стремились выбраться во двор, к хозяйскому погребку.

Эхе вдруг протрезвился, и у него вдруг выросла и окрепла мысль, раньше едва мелькавшая в его голове.

Мальчик!.. хорошенький мальчик в руках грубого скомороха; жалобный плач мальчика... Федька Беспалый с тем же мальчиком и опять жалобный плач. Эти воспоминания не давали покоя доброму Эхе, и весь день, во время самого буйного разгула, они вдруг пробуждались в пьяной голове рейтара, и он останавливался с недопитым ковшом в руке, и на лице отражалось сожаление.

— Выручу его! — мелькало в такие моменты в его мозгу и, вероятно, движимый этими мыслями, он и попал в рапату.

Теперь он все сразу припомнил, и в тот же миг в его голове созрело решение.

Он выпрямился во весь свой богатырский рост, положил одну руку на поясной нож, другой зажал пояс с деньгами и двинулся в толпу, что скучилась у дверей. Два ловких поворота плечами — и он без труда очутился на дворе, по которому, направляясь к погребу, уже бежало несколько оборванцев.

Эхе быстро перешел двор, обогнул избу и вошел в сад, прямо направляясь к сараю, в который прошлой ночью Федька Беспалый тащил хорошенького мальчика.

При слабом свете летней ночи он скоро увидел его и нашел дверь, запертую висячим замком. Не долго думая, он вынул нож и быстро, привычной рукой стал щипать им дерево вокруг прибоя. Скоро прибой уже чуть держался. Он положил нож и сильным толчком сорвал пробой, после чего распахнул дверь и вошел в сарай. В сарае было темно. Смрадный воздух после благоуханий сада закружил ему голову; под ногами зашуршала солома.

— Мальшик, а мальшик! — позвал он в темноте, чувствуя, что какие-то живые существа возятся в этом смрадном и темном помещении.

— Здесь, дяденька! — пискнул чей-то слабый голос. — Ты кто будешь?

— Глюпий! Иди сюда! Я тебя увести хочу, — ответил Эхе.

— Дяденька, и меня! Родименький, и меня! И меня! И Меня! — слабо зазвенели детские голоса с разных концов, и Эхе в недоумении остановился, разведя руками.

— Постой, дяденька, я огня засвечу! — нашелся один из них, и к удивлению капитана, в углу сарая, сперва слабо замерцал огонек, потом загорелась и лучина.

Эхе осторожно прошел в угол на свет и вздрогнул. На клочках гнилой соломы сидел безногий мальчик. Маленькое лицо его было сморщено в кулачок, глазки слезились и, протягивая лучину Эхе, он олицетворял собой тупую покорность.

— Ты кто же, мальчик? — спросил его участливо Эхе.

— Я?.. Я не знаю... — ответил мальчик. — Взяли меня давно-давно. Украли и привели сюда. Тут мне ноги жгли, потом крутили их, пока я не обезножил, и теперь меня Федька Беспалый за четыре алтына нищим дает. Сухоногим меня зовут. Меня он испортил.

— И меня! У меня глаз выжгли!..

— А у меня пальцы отрезали!..

— А мне руки вывернули! — раздались опять детские голоса, и тени оборванных, полунагих детей окружили его и тянули к нему свои руки; а со двора доносились крики, ругательства и пьяный смех.

У Эхе зашевелились волосы на голове.

— Бедний дети! — сказал он с чувством. — Мне нужен только один мальчик, которого вчера сюда дали вам!

— Это Мишутку тебе! — хором ответили мальчики. — Вон он в углу лежит. Огневица с ним. Мишутка, за тобой добрый дядя пришел!

Но из угла никто не отозвался на детский крик.

Эхе подошел с лучиной к углу и увидел раскинувшегося на соломе в жару того самого мальчика, которого вчера вечером привел скоморох к хозяину. Он быстро нагнулся и поднял его на свои сильные руки.

Он собирался уже уходить, когда новая мысль мелькнула у него.

— Слюшай! — сказал он всем. — Мой не могить вас брать за собой, но ви одни и дверь открыти. Не бегайть через двор: там пьяний, а бегай через собор и вон! Везде лучше, как здесь!

Безногий мальчик застонал от скорби и ужаса, но Эхе тотчас услыхал бойкий голос другого мальчика.

— Не бойся, Сухоног: я возьму тебя на плечи и выволоку. Будем жить вместе. Лазаря петь горазды, — чего еще нам?..

Маленькие тени друг за другом выходили из дверей и крались через сад. Здоровый мальчуган, лет тринадцать, пронес на плечах Сухонога и скрылся. Эхе дождался, пока не ушли все до последнего, и, бережно взяв больного мальчика на руку, с ножом в другой, двинулся из сада. Он не знал другой дороги, как через дверь, и решился идти по ней.

В это время пьяные крики перешли в дикий рев. Эхе увидел огоньки, зайцем пробежавшие по моховым стенам избы, и вдруг зарево осветило весь сад, двор, ватагу пьяных людей и Федьку Беспалого, который метался по двору, как безумный, то подбегая к горящему зданию, то отскакивая от него.

Эхе, не обращая внимания, благополучно перешел двор и быстрым шагом пошел по знакомой уже дороге через рынок и овощные ряды. Пожар разгорелся, охватил соседние постройки и далеко освещал все окрестности. С Москвы-реки неслись вопли погорельцев, толпы внезапно отрезвившихся людей бежали на пожар, а Эхе торопился уйти от пожара подальше, бережно неся на плече ребенка, который горел в огневице и палил его щеку жаром.

Выбирая более трезвых людей, Эхе у всех спрашивал дорогу в немецкую слободу и скоро вошел в нее. Те же моховые избушки, но они стояли ровными рядами, образуя прямую улицу, из которой во все стороны шли узенькие проулочки; и на Эхе сразу пахнуло чем-то родственным.

Он смело постучался в ставень первого оконца.

Через несколько минут калитка скрипнула, и из нее осторожно высунулась стриженная голова. Эхе быстро заговорил по-шведски, потом ломаным немецким языком, объясняя, кто он и зачем сюда пришел.

— Иди, иди ко мне! — радушно ответил ему немец, впуская его в калитку. — Я здешний цирюльник, Эдуард Штрассе, с сестрой живу! Милости просим, — горенка найдется. Сюда, сюда! Он запер калитку тяжелым засовом и ввел гостя в чистую горенку.

Эхе тотчас положил ребенка на лавку, подсунул ему под голову свою епанчу и огляделся.

В горенке стоял незатейливый шкап и подле него поставец с несколькими кубиками и чарками, у стены — стол, покрытый чистой скатертью и несколько табуреток; под ними на полке стояли банки с пиявками, ящик, вероятно, с ланцетами и несколько склянок с разноцветными жидкостями. По дугой стене тянулась лавка и над нею висела одинокая скрипка, а в углу, в ногах больного мальчика, стоял собранный скелет. Эхе тяжело опустился на стул в то время, как цирюльник наклонился над мальчиком и внимательно осматривал его.

— Благодарю тебя! — сказал рейтар на ломаном немецком языке. — Я никого тут не знаю в целом городе и пропал бы, кабы не ты.

— Ну, ну! — ответил немец. — Каждый из нас дал бы тебе приют. Мы все знаем, что такое одиночество среди этих дикарей, и потому живем очень дружно. Сегодня мы заперлись так рано потому, что русских боялись. Они пьют сегодня, а как напьются, то бывают очень буйны и часто к нам пристают.

Немец оставил мальчика, бережно поправил ему голову.

— Что с ним? — тревожно спросил Эхе.

— Так, маленькая горячка, лихорадка, а по ихнему, — немец усмехнулся, — огневица! Они, — он обратил к Эхе свое добродушное лицо с лукавыми глазами, — эту болезнь лечат, спрыскивая водой с уголька, ну, а мы питье даем, а потом натираем, чтобы испарину вызвать. Вот Каролина все это сделает!

Он встал и вышел, а через минуту вернулся с высокой белокурой девушкой. Она, вспыхнув под пристальным взглядом Эхе, сделала ему книксен, а потом быстро повернулась к мальчику и нежно поправила его волоса, сбившиеся на лоб.

— Откуда у вас такой птенчик? — спросила она.

Эхе рассказал все, что знал про мальчика.

На глазах Каролины выступили слезы.

— Бедный, бедный! Я буду за ним ходить, как за своим родным! — С этими словами она взяла мальчика на руки и бережно унесла его из горницы.

— Сделай все, как я сказал! — крикнул ей вслед ее брат.

Потом он обратился к Эхе и сказал ему:

— Большое беспокойство вы себе взяли с мальчиком. Несомненно, он краденный. Может быть он знатного роду, и беда, если вас с ним поймают. У русских, что вы им не говорите, правду только в застенке узнают. Сколько там наших погибло, сами на себя наговаривая!

Эхе нахмурился.

— Я не мог иначе сделать, ответил он просто, — а от судьбы не уйдешь!

— Так, — сказал цирюльник и спохватился. — Ох, мой Бог, — воскликнул он, — что же вы не разденетесь? Мы вас здесь положим. Пожалуйста! В доспехах тяжело.

Эхе не заставил себя просить и, отстегнув пояс, быстро снял кожаные латы и тяжелые сапоги, оставшись в синих рейтузах и кафтане.

Штрассе встал, снял с поставца две чарки, вынул из шкафика плетеную бутылку, кусок рыбы, хлеба, сыр и, поставив на стол, сказал:

— Милости просим! Закусите, а потом выпьем вместе, и вы мне расскажите про себя.

Эхе и тут не заставил себя просить и, работая челюстями, в то же время стал рассказывать свою несложную биографию. С пятнадцати лет все война. Как иной работает пилою, молотком, ножницами и иглою, так он работал мечом. Был он во Франции, потом в Италии, потом ушел оттуда, поступил к Понтусу Делагарди и с ним уже не расставался. Сперва со Скопиным они били поляков и воров, потом к полякам перешли и здесь, в Москве, под началом Гонсевского, сидели в осаде, потом опять на сторону русских перешли и поляков били, а потом уже, когда русские платили им жалованья, они стали от себя воевать. Взяли Новгород и его ограбили. Тут Делагарди ушел, а Горн остался. Вышло с русскими замирение. Он пошел из Новгорода, чтобы в Стокгольм вернуться, да вот теперь этот мальчик.

Собственно ему все равно, где быть. И он передумал: теперь здесь наниматься будет. Что ж хороший солдат всегда нужен!

— Есть, ведь, здесь иноземные генералы? — спросил он.

— Есть, как же! — ответил Штрассе. — Вот хотя бы наш полковник Лесли! И воины тоже нужны. У них, что ни год, то война.

— Лесли! — воскликнул Эхе, да я его знаю и он меня! Вместе с ним под Клушиным были!

— Ну, вот и хорошо! Завтра нельзя идти: верно, у них все еще пирование будет, а через день, через два я хоть сам вас к нему провожу, сказал Штрассе и вставая прибавил: — Ну а теперь и спать можно.

— Благодарю вас! — ответил Эхе.

Штрассе вышел, вернулся и, устроив постель для Эхе, ушел окончательно. Эхе разделся, вытянулся на лавке и заснул богатырским сном.

Спустя два дня Эхе виделся с Лесли, и тот, приняв его на службу, послал в Рязань для обучения стрельцов строю.

Миша уже выздоровел. Эхе хотел было взять его с собой, но Каролина краснея стала просить его оставить мальчика у них на время. Эхе согласился и, купив коня, тронулся в путь. Дорогою он только и думал, что о цирюльнике и его сестре.

— Ге! — решил он в конце своих дум. — Она оставила у себя ребенка, чтобы меня видеть!

И при этой мысли лицо его осветилось счастливой улыбкой. Потом он стал думать о Мише. Непременно надо найти его родителей. В то же время, при воспоминании о предостережении Штрассе, страх заползал в его душу, теперь не за себя уже, а за доброго цирюльника и его красивую сестру.

И думая то об одном, то о другом, он продолжал свой путь.

10

В тяжелые годы смутного времени земля была разорена и ограблена. Многие города были сожжены до тла, боярские усадьбы сравнены с землею. Сама Москва представляла одни развалины, сожженная и разграбленная поляками. По разоренной земле, как обрывки грозовых туч, рыскали шайки разбойников, буйных казаков, жадные до наживы, польские банды дожигали недожженное, разоряли остатки, грабили нищету. В то же время атаман Заруцкий с Мариною, провозгласив нового самозванца (Ивашку, малолетнего сына Калужского вора), грозили привести на Москву турок и татар; незамиренная Польша, враждующая Швеция громили Русь на окраинах, и в это-то страшное, тяжкое время взошел на престол шестнадцатилетний Михаил Федорович, окруженный мелкими, корыстными людьми, не могущими дать совет и в боязни за себя отстраняющими честных и доблестных.

Страшную картину представляла собою в то время Русь. Имена Заруцкого, разбойника Баловня, дерзких полесовщиков, кровавыми пятнами испятнали страницы истории многострадальной Руси.

Летописец, современный царствованию Михаила, бесхитростным языком описывает ужасы того времени:

"Во градах же московского государства", пишет он, "паки начася от воровских людей быти грабежи, убийства всюду; во время же междуусобия многие казаки ворующие пакости деяху, и мнозии от них таковому делу научишися и не хотяху от воровства перестати, паки собравшеся также деяху. Некий онаго собрания старейшина, его же называху Баловнею, с ним же в собрании простии людие, казаки, боярские людие воровству научившиеся, ходяху по московскому государству и запустению предаваху, воююще всюду; едини от них воеваху на Романах, на Углич, в Пошехонье, в Бежецком верху, на Белеезерь, в Кашин, в Каргополе, в Новгородском уезде, на Вологде, на Ваге и в прочих тамо прилеглих местах; друзие же казаки воеваху "украиные северские грады, всюду сотворяющи разбои и убийства, и многое ругательство являху над прочими: иных древием преломаша, стоящие древеса наклоняюще привязоваху, и тако ломаху; инех же огнем сожигаху; и тако над мужеским и женским полом различные муки сотворяху; иная убо их коварствия невозможно писанию предати; и бысть повсюду стенание и плач"...

И не было никого, кто бы утешил это великое горе. Сам Михаил, от природы добрый, совершенно безвольный, хотя и обладал умом, но не получил никакого воспитания и едва умел читать, вступив на престол. Чуткий к правде, он все-таки разобрался в нуждах народа и сделал бы все посильное, но ему в этом мешали окружавшие его люди, среди которых не было ни одного достойного советника.

Голландец Масса так писал о тогдашнем состоянии России: "Царь их подобен солнцу, которого часть покрыта облаками, так что земля московская не может получить ни теплоты, ни света... Все приближенные царя несведущие юноши; ловкие и деловые приказные — алчные волки; все без различия грабят и разоряют народ. Никто не доводит правды до царя; к царю нет доступа без больших издержек; прошения нельзя подать в приказ без огромных денег, и тогда еще неизвестно, чем кончится дело: будет ли оно задержано или пущено в ход".

И при всем этом надо было земле русской вновь отстраиваться, надо было отбиваться от врагов внешних и внутренних, а на это все нужны были деньги, деньги, деньги.

Всех чинов *люди* шли к царю, говоря, что они проливали кровь за родину, а теперь терпят великую нужду, и просили сукон, хлеба, соли, оружия, денег, прибавляя без всякого зазора, что иначе им придется идти на дорогу с разбойным делом. Надо было снаряжать войска, нанимать иноземцев и повсюду развозились призывные грамоты с мольбою о деньгах, хлебе, сукне и всяких запасах. Давали, сколько возможно, но всего было мало. С неимущих посадских требовали сто семьдесят пять рублей посошных, а они умирали с голоду. Кроме этого, местные воеводы не мало думали и о своей пользе и, якобы в рвении своем к государству, не жалели крутых и жестоких мер к взысканию пошлин. Во всех городах торговые площади оглашались воплями людей, выведенных на правеж.

Это был тогдашний способ взыскания денег с неисправных должников.

Каждый день таких должников, приводили толпами на площадь и били их палками по ногам дотоле, пока кто либо сжалившись не выкупал их, платя недоимку. Впрочем, через четыре недели ежедневного истязания несостоятельного отпускали, но вряд ли бывали примеры такой редкой выносливости.

А в то же время монастыри один за другим выпрашивали себе льготы от повинностей, и благочестивая Марфа (мать царя) не только освобождала их, но нередко отписывала им даже вотчины.

Для усиления доходов задумали везде строить кабаки, и казна сама взялась курить вино, но много ли мог пропить нищий, не имеющий и на хлеб?

Служилые люди и боярские дети, не получая жалованья, разбегались, оставляя свои полки. Земледельцы и люди посадские бежали от воевод и прятались по лесам, как дикие звери.

Стрелецкие полки были полны своеволия, и надо удивляться, как смогла Русь отбиться от поляков во время вторичного их прихода с Сагайдачным. Все-таки общее горе соединяло сердца всех, и люди в момент опасности как муравьи сплачивались дружно и неразрывно.

И тут-то, на счастье России, из тяжелого польского плена вернулся Филарет и взял в свои сильные руки правление.

Не мало понадобилось времени великому патриарху московскому, чтобы разобраться в делах государственных, и сердце его не раз обливалось кровью и сжималось тоской.

Уходя в молельню, он плакал в отчаянии и просил у Бога помощи и потом снова с писцами и думными дьяками принимался за тяжелый труд. Мысль, что обездоленная Русь видит в нем своего заступника, подкрепляла его. Задача сделать сына своего правителем мудрым, удваивала его энергию, и после долгой работы он ехал в царские палаты и подолгу беседовал с сыном, который подчинялся ему.

Не было мелочи, до которой не доходил бы Филарет. Узнав, что сын его выдал голову Пожарского Борису Салтыкову, он распалился гневом и говорил сыну:

— На што посягнул! Кто твой Бориска, тобой за день возведенный в бояре, и кто князь Димитрий Михайлович? Не его ли волею собраны дружины и изгнаны ляхи? Да и раньше он лил кровь свою под Москвой, а и того раньше был отличен от прочих. И он, муж дивный, шел с непокрытой головой по двору этого Бориски! Позор! Поношение!

Михаил потупил голову.

— Награди его! — сказал патриарх.

И Михаил вновь обласкал Пожарского, пожаловал ему в вечное пользование и потомственное владение село Ильинское, в Ростовском уезде, и приселок Назорный с деревнями; село Вельяминово и пустошь Марфино в Московском уезде и в Суздальском село Нижний Лацдек и посад Валуй, — но не вернул этим сердца доблестного воеводы.

Салтыковы потемнели, как тучи и неделю не казали глаз ко двору. Запечалился и царь Михаил и, чтобы рассеяться поехал молится русским святыням.

А патриарх продолжал свое трудное дело, чиня суд и расправу.

Он приблизил к себе Федора Ивановича Шереметева, князя Теряева-Распояхина, Шеина, брата своего Ивана, и они подолгу беседовали о делах государства.

— Казну, казну увеличить допреж всего! — твердил Шереметьев.

— А с чего?

— Отдай в откупа соборы с податей, кабаки отдай, соль обложи, все, что можно! Слышь, проездное возьми, опять за провоз!

— Тяжко! С кого брать? С неимущего?

— Это в конец разорит Русь, — с жаром заметил Теряев.

Филарет ласково взглянул на него.

— Ишь вспыхнул! Вот таким я отца твоего знал, Петра Дементьевича, царство ему небесное!

Все встали и перекрестились.

— А я все свое, — повторял Шереметьев. — Соберем казну, отобьемся, тогда всем полегчает и все с лихвой вернем.

Филарет решительно встал.

— Ин-быть по твоему! — сказал он. — Начнем с налогов. Только допреж всего хочу перепись учредить. Обмозгуй, Федор Иванович, до приезда царя!

И началось залечивание тяжких ран России, нанесенных смутным временем и бесправием. Сильнодействующими были лекарства, приложенные к больному тылу, и поначалу застонала Русь под властной рукой, но великие деяния великого деятеля принесли свои плоды и на время успокоили Русь.

Первая перепись в России всполошила все население. Едва приехал царь из своего поломничества, патриарх уговорил его на это дело, и писцы, дьяки и воеводы деятельно принялись за тяжелую работу, составляя платевые книги, закрепощая людей и, между прочим, кладя первое прочное основание позорному крепостному праву. По записям этим крестьяне, приписанные к вотчине какого-либо боярина, уже оставались за ним без права перехода к другому; в то же время боярин приобретал над крепостными своими неограниченную власть.

11

Но, как ни ласкал князя Теряева царь Михаил, как ни отличал его сам Филарет, ничто не радовало князя и никто не видел улыбки на его сумрачном лице.

С того самого дня, как пропал маленький князь, усадьба Теряева-Распояхина оглашалась стоном и плачем. С трудом поправилась молодая княгиня, Анна Ивановна. Встала с кровати бледная, тощая, смерть смертью, и долгими часами сидела в своей молельне, в отчаянии смотря в одну точку. Словно гробовая плита легла на ее сердце, и только приезд князя на время оживлял ее. Она становилась тогда как безумная: бросалась в ноги князя, ловила руки его и выкрикивала проклятия на свою голову, моля князя о прощении.

— Анюта, встань! Негоже так, — пытался уговаривать ее князь, подымая с полу: — грех да беда на кого не живут. И я бы провинился также, как и ты. Тайного врага не убережешься; да и Бог не без милости. Подожди, найдется, — дай мне срок!

Но княгиня продолжала терзаться невыносимой мукой. Ее болезнь кручинила князя не меньше пропажи сына.

Он вызвал Ермилиху и сказал ей:

— Лечи княгиню: занедужилась она дюже!

Ермилиха поклонилась в пояс.

— Не вели казнить, вели слово молвить, князь-батюшка! — заговорила она тонким, льстивым голосом. — С глазу княгинюшка недужится, не иначе как с глазу! Уж я ли ее не пользовала: и травой, и кореньем, и наговором. Одно теперь осталось, князь-батюшка!

— Что?

— По монастырям вести, о здоровье молебны служить, потому всякий сглаз от лукавого.

Князь молча прошелся по горнице.

— А про... сына узнала? — спросил он с запинкой.

— А по молодом князюшке панихиды служить надо. Коли жив, сейчас к дому повернется.

Князь угрюмо кивнул.

Богомолье, действительно, лучшее средство. Он приказал княгине собираться, снарядил целый обоз и послал ее в Троицу, к Николе на Угрешь, в ближний Юрьевский монастырь.

Остригла княгиня в знак печали свои роскошные волосы и поехала молиться русским святыням.

Хоть не помогли панихиды и не находился пропавший сын, но сама княгиня оправилась и стала спокойнее; только сенные девки шепотом рассказывали, что порой, случалось, вскрикнет она ночью как-то страшно, пронзительно и вскочит с постели, словно обуянная.

Все угрюмее становился князь день ото дня. По дружбе к нему, дня не проходило, чтобы в застенке разбойного приказа приказный дьяк не пытал одного-двух скоморохов, но ничего не говорили пытаемые о княжеском сыне.

Антон, в знак печали отпустивший волосы, с двумя взятыми из усадьбы слугами, обошел все кабаки и репаты, все тюрьмы и приказы, но нигде не встречались те подлые скоморохи, что скрали младенца.

Отчаяние охватывало всех, и с каждым днем терялась надежда на отыскание маленького князя.

Как в злую тюрьму, приезжал князь в свою усадьбу и почасту, не видясь даже с женой, видел в своей горнице, выслушивая доклады своих гонцов, которых слал он во все стороны.

А Миша, благодаря нежному за собой уходу, быстро поправился, и Каролина не могла налюбоваться хорошеньким мальчиком.

— Не иначе, как какой-нибудь боярский или княжеский, — говорила Каролина. — Ты как думаешь, Эди?

Добрый цирюльник качал головой и, вынимая из рта свою трубку, подзывал мальчика к себе.

— Ты скажи, мальчик, — спрашивал он чуть не в сотый раз. — Кто твой фатер? Папа? Откуда ты?

Миша ничего не мог ответить на это, зная только, как зовут его самого.

Он рассказывал Каролине про терем, про сад, про сенных девушек и про веселые игры. Рассказывал про отца: как он славно сидит на коне, какой у него шлем и латы, как одеты их слуги. Наконец, дрожа и бледнея, тихим шепотом рассказывал, как его украли, как волокли волоком, пугали и били, как бросили в темный сарай, где было много, много детей, но из его рассказов никто не мог додуматься, кто его родные.

Немцы из слободы друг за другом навещали Штрассе и, слушая русского мальчика, задумчиво качали головами.

— Беда вам с ним будет, герр Штрассе! — говорил ему толстый булочник.

— О! Большой беда наживете с ним, — говорил сосед литейщик.

— О, mein Gott! Если узнают только! — восклицали другие немцы, а пожилые немки таинственно отзывали Каролину и шептали ей:

— С этим мальчиком твой брат и себя погубит, и тебя, и всех нас! Он не простой мальчик. Его наверное ищут...

— О! Он расскажет, было ли ему у нас худо... — беспечно отвечала Каролина. — Миша, тебе худо у нас?

Миша поспешно обнимал ее и говорил:

— Нет! Я, правда, к мамке хочу и бегать негде, но я люблю тебя!

Каролина смеялась.

— А вы хотите, чтобы мы с Эдди его прогнали! — Куда? На улицу, чтобы его снова украли?

Соседи только вздыхали и не решались спорить с глупыми Штрассе.

— И потом, разве есть у нас на него право?

Его нам один капитан поручил... капитан Эхе! При этом имени Каролина всегда краснела, а Штрассе решительно говорил.

— Нет! Мы ничего не боимся. Мы худого не делаем. Не бойся, Миша, говорил он мальчику, — я скоро буду одеваться и пойду в город, буду искать и найду! Не бойся.

— Теперь я ничего не боюсь! — бойко отвечал Миша, чувствуя, что здесь его, действительно, никто не обидит.

Но бедному Штрассе и не снилась та беда, которая нависла над его головой.

12

Только в то время, полное суеверия и невежества, мог произойти подобный случай, и он был бы похож на анекдот, если бы тот же Олеарий не засвидетельствовал его в своих записках.

После разграбления рапаты Федьки Беспалого, ошалевшие пьяницы гуляли еще с добрую неделю, все увеличивая тот угар, который закружил их беспутные головы.

Выгнанный приказный, Онуфрий Буковинов, облыжно для почета и наглости именовавший себя дьяком, пристал к двум посадским и с ними крутился по Москве, напиваясь, сквернословя, играя в зерн и голосом великим распевая срамные песни, за что посадские поили его зело.

Дню по шестому, уже под вечер, бродя из одной тайной корчмы в другую, шли они, сцепясь руками, вдоль Москвы реки, и дьяк говорил им коснеющим языком:

— Согрешихом окаянный! Согрешихом! Несть мне спасения, упился убо, яко свинья непотребная. Да!

— Ишь, разобрало! — засмеялся один из посадских. — Пил-пил, а теперь на-ко!

Тут они завернули в Немецкую слободу.

И вдруг дьяк потянул к себе посадских, задрожал как осиновый лист и совсем трезвым голосом зашептал, щелкая зубами от страха.

— Гляньте, милостивцы, к немчину в оконце! С нами крестная сила!

Посадские глянули, и хмель разом выскочил из их головы.

— Наше место свято! — залепетали они, осторожно приближаясь к окошку.

А там, не подозревая никакой опасности, немец Эдуард Штрассе играл на скрипке, отдыхая после дневной работы.

— Вишь, мертвец-то! — шептал дьяк, тресясь от страха и выглядывая из-за плеч посадских.

— С нами крестная сила! — отвечали крестясь бледные посадские.

А скелет от ветра, что дул в щели домика и дверь, тихо шевелил своими длинными руками, нагоревшая светильная мигала, и от ее колеблющегося света голова скелета, казалось, тоже покачивалась в такт музыки.

— Наше место свято! — не своим голосом завопил дьяк и бросился бежать, а за ним, едва переводя дух, пустились посадские.

Как безумные они ворвались в рапату Ермила и, обессиленные бегом и страхом, попадали на лавки. Их окружили пьяные гости и с любопытством смотрели на них. Вероятно, случилось с ними что-либо, особенное! Лица их были бледны как холст, глаза глядели с безумным ужасом.

— С нами крестная сила! — бормотал дьяк.

— Наше место свято! — говорил невнятно один посадский, а другой крестился и твердил:

— Да воскреснет Бог...

— Не иначе, как воры напали, — сказал один из гостей, — может, убийство где видели...

Хозяин рапаты, Ермил, не выдержал и в нетерпении встряхнул дьяка за шиворот.

— Эй! Божий человек! Кто это у вас, у соколов, ум отнял? Что с вами?

— С нами крестная сила! — оправляясь произнес дьяк и, обводя всех мутным взглядом, сказал: — Чорта видели!

Все в испуге шарахнулись в сторону.

— Где? Когда? Что мелешь? — заговорили кругом через минуту.

Дьяк уже оправился и приготовился к рассказу.

Горло бы промочить, сказал он, смотря на Ермила.

— Пей! — ответил тот, выставив ему целую кружку водки.

Дьяк отпил с добрую половину, крякнул и начал рассказывать:

— Идем мы, и вдруг этого немчина оконце! Мы и заглянь! А там — с нами сила Господня! — немчин-то на лютне играет таково жалостливо, а мертвец стоит перед ним головой помахивает, в ладоши плескает и ногами шевелит, а потом как захохочет и огонь погас!

— С нами крестная сила! — крестились пьяницы.

Дьяк сразу почуял, что от своего рассказа он не мало выгоды иметь может, и пошел с ним их кабака в кабак. И действительно, никто не жалел для него водки и всякий торопился угостить его, лишь бы послушать рассказ про немчина-кудесника.

На другой день дьяк разузнал, как зовут этого немца, и уже не скупился на подробности. Теперь уже не один скелет плясал под музыку немца, а целая толпа мертвецов выплясывала срамные пляски.

Нелепый слух пошел по Москве: из кабака на улицу, по торговым рядам, из рядов в дома и хоромы, в терема и палаты и дошел до самого царя.

Тот обмер от страха и тотчас призвал к себе боярина Нашокина, который сидел в разбойном приказе:

— Возьми мне этого немчина, приказал он, — и узнай доподлинно, как он с черной силой знается. Узнав — донеси.

Боярин земно поклонился царю и тотчас отрядил стрельцов с приставом к главе, чтобы они схватили и привели к нему немчина, Эдуарда Штрассе.

Эдуард Штрассе сидел в своей комнате и старательно приготовлял мазь из трав, Каролина, весело напевая, хлопотала на кухне, а Миша сидя на полу, стругал дощечку, как вдруг на улице раздались громкие крики, послышался шум, какое-то сметенье, и толпа людей остановилась у домика Штрассе.

— Сюда! — послышались голоса. — Ну, с молитвою Божией! Ребята, не робей! С нами Бог!

В комнату вбежала побледневшая Каролина, Штрассе вскочил на ноги.

— Стрельцы к нам! — закричала Каролина.

— Спрячь покуда Мишу! — приказал Штрассе, стараясь казаться спокойным.

— Миша, бежим!

Каролина схватила Мишу за руку, и в ту же минуту с грохотом распахнулись двери. В дверях нерешительно остановился толстый пристав, за ним виднелись стрельцы.

— Ты есть колдун и ворожей, немчин Штрассе? — спросил, дрожа от волнения, пристав.

— Я, — ответил Штрассе, — только я цирюльник, а не колдун.

— Молчи! — закричал расхрабрившись пристав, — тебя велено взять и в при...

Пристав не окончил фразы и попятился назад бормоча:

— С нами крестная сила!

Взгляд его упал на скелет, которого он не заметил ранее, и ему показалось, что скелет смеется.

— Убери эту нечисть! — закричал он, — мигом убери!

— Это скелет! — ответил Штрассе, — он мертвый, одни кости.

Он подошел и поднял костяную руку скелета.

— Убери! — завопил в страхе пристав. Штрассе засмеялся и закрыл скелет занавеской.

Пристав тяжело перевел дух.

— По цареву приказу, берите его! — приказал он стрельцам, отодвигаясь в сторону.

Стрельцы дружно бросились на Штрассе.

— За что? Что я делал? — закричал бедный немец.

— Ужо в приказе узнаешь! — отвечали стрельцы, быстро скручивая ему руки.

— За колдовство! — сказал пристав.

— Я? Колдун?!

— Иди, иди! — и стрельцы поволокли его на двор.

В эту минуту выбежала Каролина и бросилась к своему брату.

— Брат мой! Эди! — закричала она, — за что они тебя взяли? Куда?

— Отойди! — грубо сказал стрелец, толкая ее в грудь.

Она пошатнулась.

— Куда вы его ведете?

— В приказ! — ответил по-немецки ей Штрассе. — Меня обвиняют в колдовстве.

— Это безумие!

— Прочь! — закричал в ярости стрелец, которого она ухватила за рукав, и ударил ее. Она упала без чувств.

Стрельцы окружили Штрассе и повели его с собой.

Все население слободы наполнило дом бедного Штрассе, сожалея о нем и Каролине.

Ее привели в чувство и окружили заботливой внимательностью.

— А ты не можешь оставаться тут, — сказали ей соседи, — мы тебя спрячем.

— А Миша?

— И его! Где он?

Миша дрожал от страха и с плачем прижался к Каролине. Она обняла его и зарыдала.

— Миша! Милый мальчик! Нашего Эди взяли в приказ! — произнесла она сквозь слезы, — мучить будут.

Миша вдруг словно понял ее горе.

— Найди моего батьку, — сказал он твердо, — и он его вызволит!

Немцы с умилением улыбнулись.

— О! — сказал булочник, — надо немного поискать его фатер!...

13

В смутное время, когда русские бились с ворами, поляками, казаками, у князя Теряева-Распояхина был закадычный друг и крестовый брат, боярин Терехов-Багрев. Вместе они сломали все походы, бились с ним рядом плечо о плечо и не раз спасали друг друга от смертельной опасности.

Дружба спаяла их, как два звена одной цепи, и чтобы

закрепить ее и на будущее время, они торжественно поклялись породнить детей своих.

Так и случилось. У князя был сын Миша, у боярина родилась дочка, и, когда им исполнилось по четыре гола, родители обручили их, согласно обычаям того времени.

И теперь князь не мог не отписать Багреву о том несчастии, которое постигло его.

Боярин жил в Рязани, и туда поскакал посланный от князя гонец с печальной вестью.

Совершенно противоположный по характеру князю, боярин Терехов-Багрев, едва окончилась война, взял свою молодую жену, уехал в Рязань, отстроился и вдали от мирских дел и почестей зажил тихой жизнью степенного семьянина, издали следя за успехами князя и радуясь за него.

Дом он устроил на славу, окружил себя многочисленною дворней и совсем устранился от всякого дела.

И боярыня была с ним одного склада, радуясь больше миром да спокоен, чем почетом. На радость им и на счастье, росла у них малолетняя Олюшка, оглашая своим лепетом терем и девичьи. Обручили они ее по сговору с сыном князя Теряева-Распояхина, и не было у них уже никаких ни дум, ни забот.

Даже от почетной должности губного старосты отказался боярин, сказав просившим его:

— Кланяюсь низко за высокую честь, господа честные, а только не по мне сия тягота великая. Живу я со всяким в миру и добром согласии, а тогда и ссора, и зависть, и корысть. Простите, Христа ради! Угостив выборных, он наделил их по обычаю подарками и отпустил с честью, проводив без шапки до самых ворот.

Тихо и мирно протекала его жизнь.

Рано по утру поднявшись с постели, собирал он всю свою челядь и со своей женой шел в церковь, что стояла на его дворе, и слушал заутреню, которую пели священники Микола и дьячок Пучеглазов. Потом каждому из дворовых наказывал работу на день и шел с управителем по кладовым и амбарам, по клетям да подклетям, блюдя и пересчитывая добро; а тем временем жена его с старой своей кормилицей задавала сенным девушкам работу и затем сама садилась за пяльцы.

Два часа спустя все снова шли в домовую церковь и слушали обедню, после чего до обеденной поры боярин занимался своими делами. Говорил ему управитель про домашние дела и делишки, а он чинил над своими холопами и суд и расправу; приезжали из его вотчин, — из под Москвы, из под Калуги людишки со своими челобитьями, заказами, когда с данью или подарком, и боярин слушал их, кого награждал, кого за волосы трепал, кого батогами наказывал, и наконец в двенадцать часов шел обедать со своей женой, коли гостя не было. Обедал он плотно, сытно, запивая медом и винами жирные блюда, хотя в постные дни берегся от всякой снеди и чтил каждый пост неукоснительно.

После обеда ложился он на пуховые перины в своей горенке и спал до вечерни.

И в то время, как храп его оглашал покои от низа до верху, спала и его супруга в своем тереме, спала и вся челядь по своим клетям, все, кроме сторожа у ворот да мамушек, что доглядывали за дочкой боярской.

Просыпался барин и шел к вечерне, отстояв которую, уже весь отдавался семейной жизни: принимал гостей, играл в тавлеи, в шахматы, слушал захожего странника, а иногда шел в терем к жене и там прохлаждался.

Каждый год в декабре месяце в память дня, когда он встретил и полюбил жену свою Ольгу, он устраивал великое пирование. Выходила в те поры боярыня со здравым кубком для каждого гостя и что ни раз, то новом сарафане, и диву давались гости, глядя на их богатство.

Наверху, в тереме шло женское пированье, внизу угощал всех боярин, и никто из его пира не вставал сам: всех потом люди по домам развозили, и очнувшись каждый находил у себя подарок: кому плать, кому соболя, кому ручник вышитый, кому шапка, а воеводе да губному старосте, да стрелецкому голове дорогие кубки или ковшики.

Близким другом у боярина в Рязани был Семен Андреевич Андреев, что делил с ним тоже труды в смутное время, а жена его Палагея Федоровна почти не уходила из терема боярыни.

От такой покойной жизни раздобрев боярин Петр Васильевич, и как оденется он бывало в парчовый кафтан с воротником выше головы, а поверх его накинет шубу соболью, наденет шапку бобровую в аршин вышины да пойдет переваливаясь, на высокую трость опираясь, по рязанским улицам, — всякий ему сторонится: шапку ломает, низкий поклон отдает.

Не так, как Терехов, устроил свою жизнь Андреев. Счастлив и он был, но на иной лад. Он был стрелецким головой и, любя ратное дело, не давал себе отдыха, то выходя на ловлю разбойников, то прикрепляя к земле тягловых людишек, то помогая воеводе собирать подати да недоимки.

В вечер, с которого ведется рассказ, после вечерни Андреев, придя в гости к Терехову-Багрееву, застал у него еще двух гостей, что было делом довольно редкостным.

Сидели у него сам воевода рязанский, боярин Семен Антонович Шолохов да губной староста, дворянин Иван Андреевич Сипунов.

Шолохов был статен ростом и красив лицом. Черная короткая бородка округляла его полное лицо, и оно казалось добрейшим человеком, только купцы да посадские люди знали, как обманчив его вид, когда он без торгу набирал себе и жене своей товар или на правеж выбивал по третьему разу один и тот же налог.

Не было тогда лютее его.

Губной староста был, напротив, человек мягкого, покладистого характера, ума острого, но безвольный и только неподкупная честность выделяла его из среды служилых людей.

Они чинно сидели за столом и вели беседу, запивая домашним малиновым медом, когда вошел Андреев.

— А, друже! — обрадовался ему Терехов, — садись, гостем будешь!

Андреев перекрестился на образа, чинно поздоровался с каждым, спрашивая его о здоровье, наконец, сел и отхлебнув меда, сказал Терехову:

— А я к тебе с радостной вестью.

— Ну, ну! — сказал Терехов.

— Давал я на Москву отписку, что хорошо бы у нас стрелецкие полки немецкому строю обучить, как то на Москве делают и почитай, как год прошел без всякого ответа...

— Надо было в пушкарский приказ посул послать, вставил воевода.

— Ин и не надо! Я через князя Терентия послал-то. Прямо в царевы руки.

— Ну?

— Ну, а теперь, глядь, сегодня ко мне приехал немчин. Таково смешно по нашему лопочет. Слышь, по приказу цареву его Ласлей [Лесли] ко мне прислал. Теперь учить будет.

— Ереси еще наведет, прости Господи! Слышь, они, басурманы, постов не уважают, икон не чтят, — сказал губной староста.

— Тьфу! Еретики! — отплюнулся Терехов-Багреев, потом сказал: — У тебя новость и у меня тоже новость есть. Только нерадостная. Собственно к тому я вас, гости честные, и просил, — и он поклонился воеводе и старосте. Те ответили ему поклоном тоже.

— Что же за новости, боярин? — спросил староста.

— А уж не знаю и сказать как, — начал Терехов. — Слышь, получил я сегодня грамоту от друга своего, князя Терентия Петровича Теряева-Распояхина.

Староста и воевода кивнули.

— И пишет он в ней, печалится, что его сына скоморохи скрали...

Воевода вдруг поперхнулся медом и закашлялся, отчего лицо его налилось кровью.

— А в том и мне горе и супруге моей, — печально продолжал Терехов, а потому как ведомо вам, за сына этого самого моя Олюшка просватана.

Воевода оправился и смело заговорил:

— А тебе что с того печалиться? Коли жених пропал, для твоей дочушки-то их не мало найдется. Не в монастырь же ее!...

Терехов тихо покачал головой.

— Неладно говоришь, боярин, прости на слове! Что она пяченая [пяченая невеста: от которой жених отказался; такая девушка считалась опороченной и ей одна оставалась дорога — в монастырь] у меня, что ли? Ульщать вздумал... последнее дело от слова отректись! А еще вот, пишет он, заговорил боярин снова, — что сыск делает. Так просит и меня ему пособить. Коли вернется скоморох, попытать его малость, не знает ли чего. Так я на этом вам низко кланяюсь.

Терехов встал из-за стола и, кланяясь так, что рукой касался пола, сказал:

— Не оставь уж меня, сиротинушку, боярин Семен Антонович! Не оставь и ты меня, Иван Андреевич!

— Что ты, что ты, боярин! — в один голос вскрикнули воевода и староста, а староста прибавил:

— Слышь, к нам тут какие-то скоморохи пришли. Так я завтра же их в застенок возьму: хочешь, приди сам допрос чинить!..

— Буду милостив! — сказал боярин.

Староста кивнул головой.

— Теперь же и ухвачу: чай, сидят в кружале да бражничают! И староста взялся за шапку.

Вскоре ушли и воевода с Андреевым.

Воевода, лишь только вернулся к себе домой, как тотчас послал за дьяком, Егоркой Балагуровым.

Егорка, а по городу — особливо промеж мещан и посадских — Егор Егорович, являлся типичным дьяком того времени. Был он толстый и жирный, с отвислым животом, пьяница горький, до наживы жадный, со старшими раболепен, с младшими дерзостен. В переводе на наше время и понятия воеводский дьяк был в роде правителя дел канцелярии губернатора, с несравненно большими полномочиями, потому что соединял в себе власть и исполнительную, а за безграмотностью воеводы был не ограничен в своем произволе.

Войдя в горницу и низко поклонившись, дьяк с трепетом увидел, что воевода хмурится и не в духе.

— Слышь, заговорил воевода, — через кого ты отписку получил от Федьки Беспалого?

Дьяк откашлялся.

— Так, от смерда, скоморошника!

— Вот то-то! А завтра этого скомороха Ивашка Сипунов на дыбу потянет. Слышь, князь нашему-то боярину отписал, а он нам челом бил. Ты вот тут и смекни!

— И смекать, боярин, нечего. Пойду на кружало, — чай они еще там бражничают, и скажу им. Так они так-то сгинут отсюда!..

— Дело! Так поспешай. Егорка!

— Твой раб, боярин! — ответил дьяк, низко кланяясь и пятясь исчез за дверью.

Воевода облегченно вздохнул и прошел в терем к жене своей.

Та еще не ложилась спать и клала земные поклоны в молельной, когда воевода окликнул ее; она обернулась.

Это была высокая, сухая женщина, с черным, цыганского типа лицом, с злыми глазами и тонкими губами.

— Что еще? — спросила она грубо.

Воевода вздохнул.

— Ох, Матрена, сказал он, — скаредное дело с тобою мы учинили! Беда нам будет.

— Говори толком, Бога для! — нетерпеливо крикнула Матрена. — Что еще неладно? Али купцы...

— Купцы пишто... Что купцы?.. Князь Теряев-то нашему боярину грамотку прислал...

— Ну? — Лицо Матрены приняло сосредоточенное выражение.

Пишет, что евойного сына скрали. Сыск просит сделать...

— Эх! — вздохнув успокоилась Матрена. — А ты что ж думал, что князь этакое дело да так и оставит? Эх голова, голова!

— Не то, Матрена, а как здесь эти самые скоморохи и их Сипунов возьмет...

— А ты дьяка напередки пошли...

— Я и то! Егорка-то уже побег...

— Матрена опять вздохнула с облегчением.

— Так о чем ты гнусишь-то?

— А о том, что занапрасно все это: я боярину-то закинул, так оно так-то повернул мне слово! — воевода сокрушенно махнул рукой. — Не отдаст он своей Ольги за нашего Ванюшу, ни в жисть!

— Дурак! — гневно сказала Матрена. — Ей-то еще четыре годика. О чем говорить загодя? Иди спать лучше!

Она гневно покачала головой и прибавила:

— Лишь бы у князя сыновей не было, а то мое уже дело...

— Мальчонка-то жаль... — вздохнул воевода.

Жена его презрительно усмехнулась.

— Эх, горе-воевода! Тебе бы в мамки идти, а не на воеводстве быть, — сказала она.

Воевода снова вздохнул и стал креститься на образа.

14

Опоздал дьяк Егор Егорович. Когда он вошел запыхавшись в кружало, там еще все гости были в великом смущенье.

— Слышь, заговорил пыхтя дьяк, — скоморохи, что из Москвы, не здесь ли?

Целовальник низко ему поклонился и ответил:

— Были здесь, господин честной, только сейчас их от нас забрали.

— Кто, куда? — Дьяк выпучил глаза и грузно упал на скамейку.

— Надо-быть, по какому татебному делу, — ответил кланяясь целовальник: — приходили стрельцы и отвели по приказу судебного старосты. В яму полагать надо!

— В яму, в яму! — передразнил его дьяк.

— Что глаза-то таращишь? Не видишь, что испить хочу! Борода тоже!

Целовальник со всех ног бросился исполнять приказ дьяка и поставил перед ним целую ендову меда, а гости тем временем, боясь нового соседства, друг за другом оставили кружало.

— В яму! — ворчал недовольно дьяк. — Нет, чтобы спрятать их, голова с мозгом! А теперь перед воеводою я в ответе. У-у, песьи дети! Так и норовят дьяка своего подвести. Ну, да ты у меня погоди! Изловлю я тебя с табашным зельем, отрежу твой длинный нос!

Целовальник в страхе даже ухватился за свой нос и стал торопливо кланяться дьяку.

— За что гнев твой? — заголосил он жалобно. — Сам знаешь, что и я, и животишки мои, все в твоей руке. Я ли скуп для тебя? А ты не за что грозишь мне!

— Погоди вот ужо! — бурлил и грозил дьяк, притягивая мед и в тоже время думая, как бы ему обелиться перед воеводою.

А с задержанием скоморохов поспешил Андреев, радея о друзьях своих. Едва он услыхал от губного старосты про скоморохов, как тотчас послал в кружало стрельцов, чтобы схватить их.

— Их было трое из тех, что посетили двор князя Теряева, хотя ни один из них не знал про кражу княжеского сына. Их тот-час привели в разбойный приказ и всех троих заперли в клеть до утра.

— Они сели на грязный, вонючий пол и сперва стали догадываться, за что их взяли, потом ругаться, а там, чуя беду неминучую, горько заплакали.

— На другое утро, ни свет, ни заря, губной староста Сипунов оповестил боярина, что скоморошные люди забраны, и коли будет его желание, пусть придет в губную избу, чтобы вместе допрос чинить этим ворам.

Терехов велел поднести посланцу ковшик пенника, сказал что будет, и сейчас же после заутрени, наскоро отдав приказание управителю, оделся в темный будний кафтан и важно опираясь на палку, пошел в губную избу, — она же служила, так сказать, и местным разбойным приказом.

Там уже ждал его губной староста.

— Здраву быть! — сказал кланяясь Терехов.

— И тебе, боярин! — ответил Сапунов. — Там их и допрашивать станем!

— Ин быть по-твоему! — согласился Терехов.

В это время в избу вошел воеводский дьяк, Егорка Балагуров, и, помолясь иконам, низко поклонился обоим.

— Прости, милостивец, заговорил он униженно, — поскольку боярин, воевода наш, со вчерашнего в опохмелке, так и заказал мне, непотребному рабу, Егорке, на сыске стоять.

— Что же, — согласился Сипунов, — воевода в своем праве. Пойдем, боярин!

Они вышли из избы на двор, обнесенный высоким частоколом с крепкими воротами. Против ворот, снова за изгородью тянулись ключи (ямы), где сидели уголовные преступники, вместе с несчастными неплательщиками, во дворе, по трое и десятками, смотря по помещенью.

Впереди, против избы, стоял мрачный сарай с широкою, как ворота дверью. Это и был застенок. На земле перед дверью стояла окровавленная плаха, валялись колодки и обрывки ржавых цепей.

Сипунов открыл дверь, которая заскрипела на петлях, и они очутились в страшном помещении. Полутемный сарай с поперечными балками вместо настланного потолка, с земляным полом, как бы делился на две части. На лево стоял длинный стол с письменными принадлежностями. Позади него тянулась скамья, по бокам стояли табуретки, недалеко от стола стоял аналой, с крестом на нем; направо же валялись доски, стоял небольшой помост, на котором на боку спускалась веревка с толстым крюком на конце; в углу, треща горящими углями, дымилась жаровня и в полутьме виднелись страшные орудия пыток: палки, веревки, доски с набитыми гвоздями, плети, кнуты и острые клещи с длинными ручками.

Два заплечных мастера встретили пришедших низкими поклонами.

— Приведите-ка, молодцы, скоморохов, коих вчера

забрали: сыск малый сделаем, — распорядился Сипунов и стал залезать на скамью, позади стола.

— Садись, боярин, пока что, — пригласил он Терехова, который с трудом уселся на конец скамьи.

Дьяк покашливая сел на табурет, у края стола, приготовил бумагу и очинил перо.

В это время до них донеслось бряцание цепей, заскрипела дверь, и в сарай друг за другом вошли со скованными руками три скомороха.

Они вошли, упали на колени и в голос завыли:

— Смилуйтесь, бояре, во имя Христа! Ни в чем не повинны! Ни татьбою, ни убийством не занимались! Отпустите, Бога ради! Ходим мы нищи и ноги: с того, что дадут, только и живы!

— Ну, вы! — закричал на них дьяк, — волчья сыть, молчать! Правьте лучше ответы боярину!

И при этом они хитро подмигнули ближайшему к нему скомороху. Тот, маленький, подслеповатый, словно сразу понял знак дьяка и смиренно замолчал.

— Сказывайте имена ваши, — сказал Сипунов. — Пиши Егорий Егорьевич, если взялся за дело!

— Ну, вы! — окрикнул их снова дьяк и ткнул пальцем на первого. — Тебя как?

— Иван, а прозвищем Наливайко!

— А тебя?

Красивый, лет девятнадцать, парень, тряхнув головой, бойко ответил:

— Антошка Гусляр!

— Тебя?

Третий парень, лет тридцати, стукнул в землю лбом и жалобно сказал:

— Емелька Беспутный!

— Чем занимаетесь и откуда пришли? — повторил дьяк вопрос и прибавил: — В Москву идете, што ли?

Иван Наливайко ответил за всех.

— Скоромошьим делом, милостивец! Скоромошьим, да

песенным. А пришли прямо из-под Тулы, на Москву идем, милостивец!

Дьяк довольно крякнул, и по губам его скользнула улыбка.

Сипунов взглянул на Терехова, а Терехов только печально вздохнул и потряс бородой.

— Чего ж их спрашивать? Вестимо, ничего не ведают, — тихо сказал он.

— Оставить сыск? — спросил Сипунов. Терехов кивнул. Добродушный Сипунов словно ожил; ему было тяжело пытать людей занапрасно и он, приняв грозный вид, сказал:

— Ну, на этот раз идите на все четыре стороны! Молодцы, будете с них клепы! А наперед, чтобы в нашем городе не чинили буянств. Слышь, вчера до полуночи бражничали.

Скоморохи раз по десять ударили лбом в землю и вскочили на ноги. Молодцы стали сбивать наручни. Сипунов и Терехов вышли.

— Слышь, — обратился Терехов к дьяку, — не откажись сегодня ко мне зайти! Хочу другу отписать, а от этого дела отвык за время. Попишка-то у меня старый еле видит. Писать и некому.

— Рад, боярин, за тебя живот положить, — кланяясь ответил дьяк и веселый пошел к воеводе, торопясь успокоить его.

Угрюмый вернулся Терехов домой и тотчас позвал к себе жену. Та сошла к нему встревоженная, с испуганным лицом.

— Ай, что стряслось, Петр Васильевич? — спросила она, едва переводя дух. И ушел ты сегодня не во время, а теперь меня позвал?

— Садись, жена, — ответил боярин. — Действительно стряслось. Помнмишь, мы за княжего сына свою Олюшку прочили? По рукам ударили?

— Помню, батюшка! Как не помнить! — ответила жена Терехова, — еще на Москве то было. А что? Али полаялись?

— Пустяки, говоришь: дружбы нашей мечом не рассеч! Дело в том, что княжего сына ономедни скоморохи с вотчины скрали!

— Ахти мне! — воскликнула боярыня и даже изменилась в лице.

— Петр Васильевич, — сказала она помолчав, — что ж теперь нам-то делать?

Терехов нахмурился.

— Что делать, про то я знаю. А сказал тебе на тот случай, чтоб про эту помолвку с бабами меньше языком трепала. А теперь иди!

Не успела выйти боярыня, как в горницу спешно вошел Андреев и едва поздоровался с Тереховым, как сказал ему:

— Зачем скоморохов отпустил?

— Коли они из-под Тулы...

— Брешут! Сейчас доподлинно услыхал, что из Москвы. Разговор такой слыхал, что дьяк Егор Егорович их вызволил, а для чего — не возьму в толк. И окромя того, кажись и княжой сын объявился.

— Шутишь? — откинувшись в изумлении, воскликнул Терехов.

— Что за шутки! Ты слушай! Немец-то мой...

— Какой немец?..

— Ах, ты! Да вчерась-то я говорил, что мне из Москвы немца для стрельцов прислали.

— Ну, ну, запамятовал! — успокоил его Терехов. — Дальше-то что?

— Ну, вот и слушай! Сегодня это поучил он нас всех, строй показывал, а потом я его к себе завел. Поместил-то я его у себя пока что. На дворе клеть есть, там он и живет...

— Ну?

— Вот он и стал про себя говорить. А потом и говорит, есть в Москве корчма. Ее какой-то Федька Беспалый держит...

— Федька Беспалый? — повторил Терехов. — Ну, так что ж, что в Москве корчма есть?

— Да постой, дай, кончу! — остановил его Андреев. — Так слышь, к этому Федьке-то скоморохи мальчика привели и продали. Мой-то немец все это видел, а на другую ночь скрал его. Говорит, Федька-то много таких ребят для нищих держал, сарай полный, что мыши...

— Ну?

— Ну, немец-то скрал его, да к другим немцам отвел. Он теперь у них там, на Кукуе.

— Обасурманили мальчика.

— Зачем? Я к тому, что может это княжой сын и есть.

— Княжой? Ах ты, Господи! Слышь, Семен Андреевич, расспроси ты своего немчина, как да что, пошлем до князя нарочного.

— Беспременно. К чему я и пришел к тебе. А только ты мне скажи: зачем ты скоморохов отпустил и к чему дьяк им мирволил?

— Ну, тоже, Сеня, откуда ты знаешь это?

— Откуда? Мой мальчишка видел, как скоморохи уходили. Сели это у нас под садом, один и баит: "Спасибо дьяку, надоумил. Ляпнули бы, что из Москвы, повисели бы на дыбе". Другой ответил: "Надо полагать, Злоба какую ни на есть важную отписку посылал с нами". Ишь куды завернул! Обмерекать надо, боярин. Может здесь и измена какая есть. Лях-то не дремет.

Терехов задумался.

— А что? Пожалуй, кто и мутит. Ну, а как же с князем-то? А? вспомнил он.

— Послать беспременно надо. Хочешь, мы этого немчина снарядем и без отписки всякой?

— А и ладно задумал, Сеня! Накажи ему да и спосылай! Только послание все же напишем, потому князь горячий и неравно его с первого слова на дыбу потянет.

— И то, — согласился Андреев.

— А дьяка этого велю в шею со двора. Неравно правда что недоброе, так беды не оберешься. Как-нибудь сам наскребу.

— Так я пойду, снаряжу его.

— Иди, иди, Сеня! Бог нам его привел, — и Терехов набожно перекрестился. — Ежели да сразу на след напали, прямо чудо Божие.

— Воистину! — ответил Андреев. — Ну, так я пойду, а ты готовь грамотку!

— Ладно.

Андреев ушел. Боярин прошел в свою рабочую горницу, достал перо, бумагу и кряхтя стал составлять послание своему другу.

В тот же день вечером капитан Эхе, снабженный и казной и грамотой, ехал назад из Рязани на своем сильном коне в коломенскую вотчину князя.

15

Князя Теряева узнать было трудно, так он изменился со времени пропажи своего сына. Смуглое лицо его точно почернело, глаза ввалились и горели лихорадочным блеском. Как слуга его Антон, он в знак своей печали отпустил бы волосы, но постоянная служба при царе не допускала этого, и он кручинился еще более.

В то время как жена его у себя, на усадьбе, могла и плакать, и молиться, и горько сетовать, — он все время должен быть ходить с веселым, светлым лицом, тем более, что царские приспешники, братья Салтыковы всегда готовы были истолковать его печаль в дурную сторону.

А нельзя было не печалиться.

Почитай, два месяца прошло, а о сыне ни слуху, ни духу. Сколько за это время боярин Колтовский по приказу боярина Нашокина скоморохов перепытал, — никто ничего не сказал, даже следа не подал.

И Терехов-Багрев безмолствует.

Каждый раз, как наезжал князь к себе в вотчину, княгиня торопливо спрашивала его:

— Ну, что?

И каждый раз, он должен был, потупив голову, только вздыхать в ответ, после чего княгиня начинала горько плакать.

Верно, с силой и властью не все можно сделать.

Князь в суеверном малодушии звал к себе ворожею Ермилиху, сыпал ей деньги и говорил:

— Найди мне сына!

Но и она не могла помочь ему. Хитрая баба брала деньги, смотрела на воду, бормотала о злых людях, о недругах, но не могла указать ни воров, ни на место, где укрыт княжеский первенец.

— Эх, князь, — говорил ему Шереметьев, — положись на милость Божию! Не убивайся так! Бог поможет, — сыщется твой сын.

— Сыщется! — с горечью говорил князь, а каким? Может его ослепили злодеи, может, ног и рук лишили. Ах, кабы знать, где мои враги.

И он злобно грозил сжатым кулаком.

А тем временем капитан Эхе уже приближался к его вотчине с радостной вестью, и однажды, когда князь приехав из Москвы, сидел задумавшись в своей горнице, к нему вошел Антон и, низко поклонясь, сказал:

— Слышь, княже, немчин какой-то с Рязани приехал: от боярина Петра Васильевича грамотка.

Князь выпрямился словно от удара и воскликнул:

— Где? Давай!

Антон подал ему свиток с восковой печатью на тесемке.

Князь дрожащей рукой сорвал шнурок и, развертывая свиток, сказал Антону:

— Гонца в избу сведи! Напой, накорми!

Антон ушел, а князь стал читать каракули боярина, своего друга.

"И слышь, немчину этому про твоего сына ведомо. С того и посылаю до тебя. А княгинюшке твоей от нас поклон зем..."

Князь не дочитал до конца послание и, выскочив из горницы, закричал не своим голосом:

— Эй! Кто есть!

На зов к нему подбежал отрок.

— Беги в избу! Вели Антону немчина сюда привести. Живо!

Давно никто не видал такого оживления в лице и в движениях князя. Он не мог сидеть и бегал по горнице. Заслышав шаги, он сам отпахнул дверь и, увидев Эхе, с порога закричал ему:

— Что знаешь про сына?

Эхе смутился и почесал правой рукой за ухом.

— О каком сыне?

— О моем, моем! — закричал нетерпеливо князь.

Эхе покачал головой.

— Про мальшик говорил. А мой не знайт, ваш сын, не ваш сын, — ответил он.

— Про какого мальчика? Ох, да говори же!

— Дозволяй мне пить! Горло сохло. Жарко.

Князь захлопал в ладоши.

— Меду ковш!

Мед появился тотчас. Эхе выпил с половину ковша и, вытерев рукавом усы, медленно начал свой рассказ.

Князь жадно его слушал, не прерывая до самого конца.

Эхе кончил и замолчал. Князь сидел, опустив голову, что-то соображая, и вдруг вскочил на ноги.

— Антон, зови слуг! — приказал он и, взяв Эхе за рукав, потащил его к крыльцу, куда Антон торопливо согнал дворню.

— Был рыжий скоморох с теми? — спросил князь у слуг.

— Был, князь-батюшка! Поводырем был, — ответило несколько голосов.

— А с ними щуплый такой, был?

— Был, был! И мальченка еще. Да много их, чтоб им пропасти не было! раздались снова голоса.

Лицо Теряева просветлело.

— Коней, Антон! — закричал князь. — И ты, немчин, со мной! Едем к твоему приятелю! Ну, живо!

И через десять минут они мчались по дороге в Москву.

Эхе и Антон не могли на своих конях поспеть за кровным аргамаком князя, и он скакал далеко впереди их; но когда они сделали роздых на полпути в съезжей избе, князь не гнушаясь посадил с собой за стол Эхе и Антона и снова стал расспрашивать немчина.

— Расскажи мне, какой он из себя?

И эхе опять описывал мальчика, описывал сарай, в котором нашел его, рассказывал о своих мытарствах с ним и, наконец, про доброго немца-цирюльника и его сестру.

— Не приметил ли ты складня на нем? Цепка из золота, кольчужками?

— Нет! — покачал головой немец. — Голая шея, ничего не было.

— Не он! — упавшим голосом сказал князь. — У того складень, наше благословение.

— Эх, князь! — вмешался Антон. — Да нешто вор этот, Федька, оставит у него золото?

— И то! — оживился князь. — Верно! Он, он, мой Михайло! Но уж этому, — лицо князя потемнело, и он стукнул кулаком по столу, — Федьке, вору и разбойнику, будет солоно! Завтра же его в разбойный приказ уведут и там... — Он не окончил, но Эхе, взглянув на него без слов понял, что ожидает содержателя рапаты, и вздрогнул.

Князь забылся: его увлек поток мыслей и чувств, и он продолжал говорить вслух:

— Но кому нужен был мой Михалка? Может, они просто крадут и ждут выкупа... Не слышал я про такие дела... Крадут для нищенства да для скоморошьего дела, так больше от посадских да торговых людей... Ну, да уж доберусь я до правды: огнем и водою, дыбой и плетью, всем, что в застенке есть! А пока, — вдруг очнувшись, резко сказал он, — поедим да соснем малость!

И, сразу оборвав речь, он подвинул к себе миску с вареной курицей и ендову с вином.

Была глубокая полночь, когда они вновь сели на коней и помчались в Москву. Они ехали молча. Князь, почти уверенный, что его сын найден, думал о том, кому понадобилось это страшное преступление, и и горел местью и ненавистью к неизвестному вору.

Антон, как верный слуга, зная опасности большого путешествия по большой дороге, на которой шалили и скоморохи, и беглые тягловые, и заблудыжный посадский, зорко осматривал в ночной полутьме и прислушивался к тишине; а Эхе, — видавший за свои походы и кровь, и резню, и разбой, и преступления, — с размягченным сердцем мечтал о

минуте, когда он увидит прекрасную Каролину и скажешь ей...
Нет, он ничего ей не скажет, а только посмотрит на нее нежно-нежно и вздохнет от полного сердца: вот так!

При этом Эхе вздыхал с такой силой, что Антон с изумлением взглядывал на него, придерживая на миг свою лошадь.

— Прямо в слободу веди, немчин! — отрывисто сказал Теряев, когда они въехали в московские ворота.

— Гут! — ответил Эхе, ударяя коленями лошадь.

Наступило уже утро, и Москва проснулась. Со скрипом тащились на базар телеги, нагруженные сеном, курами, рыбой, убоиной и всякими овощами; в рядах открывались лари; к убогой церкви плелся поп, стуча костылем по твердой земле, и во все стороны шли люди, торопясь купить, продать или поспеть в назначенное место.

Наши всадники пересекли весь город и со стороны Москвы-реки въехали в слободу.

— Узнаешь дом-то? — спросил князь.

Эхе только усмехнулся.

Ему ли не узнать? С закрытыми глазами он не прошел бы мимо него.

— Тппру!..

Но что это?... Ставни закрыты, из трубы не вьется приветливо дым, в то время когда все вокруг живут уже дневной жизнью...

Эхе быстро спрыгнул с коня и стал стучать в калитку.

Молчание.

Он стал бить по очереди в закрытые ставни.

То же молчание.

— Ты что же это? На смех? — закричал нетерпеливо князь.

Эхе растерянно, убитым взглядом посмотрел на него.

В это время их успела окружить толпа, привлеченная криком и стуком.

— Эй, вы, басурмане! — крикнул князь. — Этот ли дом немчина-брадобрея?

— Так тошно, боярин" — ответил один из немцев, толстый булочник, снимая перед князем колпак.

— Где же он, собака?

— В приказе! — закричали со всех сторон. — Приходил народ, бил и вон... Бедный Штрассе!

Эхе, молчавший все время и словно обезумевший, вдруг встрепенулся и обратился к толпе с немецкой речью. Все бросили князя, окружили Эхе и, заговорив сразу, подняли оглушительный крик.

Аргамак князя пугливо шарахнулся в сторону, но князь нетерпеливо осадил его. Он сгорал от нетерпения и досады. Теперь, когда он уже собирался обнять сына, опять что-то стало на его пути.

— Ну, что там? — закричал князь Эхе, когда толпа на мгновение смолкла.

— Его взял в разбойний приказ на питки, на смерть!

— А мой сын? — не думая о бедном цирюльнике, спросил князь.

— А его спасал Каролина. Они убежал и спрятались...

— Где?...

— Надо сперва достать гер Штрассе! Они в тайнике.

Князь с силою махнул в воздухе плетью.

— Разве не знают тайника эти люди? Скажи, что я все сделаю, я выручу его! Покажи мне сына!

Эхе торопливо заговорил с немцами.

— Яа! Яа! — послышалось со всех сторон, и несколько человек, отдалившись из толпы, приветливо закивали князю.

— Они покажут нам, — сказал Эхе, — только надо спасти гер Штрассе. Они говорят, клянись!

— Яа, Яа! — закричали немцы.

Князь быстро снял шлем.

— Клянусь! Хотя и не зная вины его, спасти этого брадобрея, если не поздно.

— Яа, гут! — сказал булочник. — Еще не поздно. Мой его видел...

— Идем! — сказал Эхе.

Булочник пошел вперед, рядом с Эхе, который вел в поводу своего коня; князь с Антоном ехали сзади.

88

Булочник провел из в переулок, ввел в свой дом, перешел чистый дворик и остановился подле бани.

— Здесь! — сказал он князю. — Сичас!

Князь быстро соскочил с коня и двинулся за булочником.

Тот крепко постучал в дверь и что-то крикнул по-немецки. В ответ ему раздался женский голос, показавшийся князю райской музыкой.

— Что же? — нетерпеливо крикнул он.

— Сичас! — ответил булочник, и дверь в это время медленно отворилась; из-за нее выглянуло бледное, встревоженное лицо Каролины.

— Каролина!... — воскликнул Эхе, бросаясь к ней.

— Эхе!.. — взволнованно ответила Каролина и распахнула дверь.

В это мгновение князь нетерпеливо оттолкнул ее и вбежал в баню.

Посреди бани стоял его маленький Миша и с недоумением и страхом глядел перед собой.

— Миша! Сын мой! — закричал князь, бросаясь к сыну.

— Тятя! — радостно откликнулся Миша.

Князь схватил его, поднял и, сжимая в своих объятиях, осыпал поцелуями. По его суровому лицу струились слезы. В баню вошли Антон, Эхе, Каролина, булочник и еще несколько немцев и все с умилением смотрели на эту сцену.

— Довел Бог! — шептал Антон, утирая рукавом слезы. — Через басурманов показал свою милость.

— Он, он! — радостно повторял князь, смотря на сына и страстно целуя его.

Через несколько минут он успокоился и сел на лавку, посадив на колени Мишу.

— Почему же вы сразу искать среди бояр не стали? — спросил он. — Про мою беду все знали.

— Эдди хотел, — ответила Каролина, — хотя и не он нашел, а капитан, она показала на Эхе, — но в это время с ним случилось несчастье.

— Несчастье? Какое? — князь теперь только вспомнил по арест какого-то немца.

— О, ужасное! — воскликнула Каролина, заливаясь слезами, и начала свой рассказ.

Держа на коленях своего найденного сына, сияя радостью, слушал князь тяжелую историю ареста бедного Штрассе из уст Каролины.

Она окончила и упала перед князем на колени, протянув к нему с мольбой руки.

— О, спасите моего брата за вашего сына! — молила она князя.

— Помоги им, тятя! — со слезами сказал и Миша, прижимаясь к отцу. Они добрые! Они жалели меня: все к мамке отвести хотели.

— Никакой награды мне не надо, спаи его! — прибавил и Эхе, опускаясь перед князем на колени.

— Ин быть по-вашему, коли тут нет колдовства! — сказал князь вставая. — Не забывали Теряевы чужой ласки да помощи и мой Михайла не забудет ее. Ну, Антон, на коня!

Он вышел неся на руках сына, и вскочив на коня, поскакал во двор Шереметева.

Федор Иванович еще не выехал из дома.

— Радуйся, боярин! — закричал князь, подымая на руках своего сына: вызволил!

— Радуюсь, князь! Господь с тобой!

— И с тобой!

Они поцеловались.

— Чай, изморился князенок-то? — ласково сказал Шереметев.

— Нет! Он у немчинов жил: они его добро кормили. Разве вот оскоромили, ну да младенец.

— У немчинов? Ин они детей крадут?

— Не то! Слышь, какая притча-то! — И князь рассказал, как был скраден Миша и как спас его Эхе.

— Того Федьку беспременно буду просить в приказ взять, потому тут козни чьи-то.

— Не без того, — согласился с ним Шереметев.

— Так и смекаю. Да вот еще: я им за свою радость клятву

дал. Помоги советом! — И князь рассказал про немца и его горе.

Шереметев покачал головой.

— Трудное дело, князь! — сказал он. — Тут-то без тебя за пять дней у нас всего понаделалось. Царь женится надумал.

— Ну?

— Верно! Сегодня уже и грамоты разосланы, чтобы смотрины готовить. Царь-то не в себе все время, а тут этот немчин подвернулся. Царю и страх: нет ли колдовства, чтобы ему навредить, как тогда с Хлоповой [Мария Хлопова — первая царская невеста; родственники ее не понравились Салтыковым, и они оговорили, что Холопова порчена; на беду, она объелась сладкого; все Хлоповы вместе с бедной Марией были сосланы; Царь сильно тосковал о ней и долго не хотел жениться].

— А все-таки я слово дал! — ответил князь.

— Слово дал, держись! Только не иначе, как самому челом бить надо.

— Ну и ударю! Разве мало у меня заслуг перед царем? — сказал князь вставая. — Допреж всего к боярину Колтовскому поеду, чтобы он с дыбой-то повременил; а там и к царю.

— Ну, ин быть по-твоему! — ответил Шереметев. — А мальчонка в вотчину пошлешь?

Хотел бы мать порадовать, да боюсь одного пускать опять на бабий дозор. Нет, пущай пока что, со мной погостит.

— И то ладно! Ну, я со двора.

— Да и я тоже!

Князь ласково простился с сыном и, поручив его Антону, поехал исполнять свое княжеское слово, данное честным немчинам.

В грязном углу Китай-города, на Варварском кресте, под горой, обнесенные высоким тыном, стояли тюрьма и подле нее разбойный приказ со всеми нужными пристройками: караульной избой, жилищем заплечных мастеров и страшным застенком. В народе звали это страшное место почему-то Зачатьевским монастырем.

Сюда-то и приехал князь в первую голову.

Соскочив с коня у ворот, он отдал повод часовому стрельцу и быстро вошел в калитку.

Большой грязный двор с лужами не то грязи, не то крови, с тяжким смрадом гнилых ям, где томились узники, горелого мяса и разлагающейся крови, — производил тяжкое впечатление страха и мерзости. Кругом валялись орудия казней и пыток; из дыр, закрытых решетками, слышался лязг цепей, а из огромного сарая — стоны и крики пытаемых.

У князя замутилось в глазах. В это время через двор к тюрьме пошел заплечный мастер, молодой парень, с добрым лицом, покрытым рябинами. Он был в пестрядиных штанах, босоног, с сыромятным ремешком вокруг головы.

— Эй! — крикнул ему князь, — проведи меня до боярина, Якова Васильевича!

— Он в застенке! — ответил остановившись парень.

— Зови его сюда, — закричал ему князь. — Скажи, князь Теряев кличет! Ну, или шкуры своей не жалеешь.

— Кликнуть можно, отчего не кликнуть! — отозвался парень и лениво вернулся в страшный сарай.

Князь остался среди двора. Распахнулась низкая тюремная дверь, и оттуда вывели старика, по рукам и ногам спутанного цепями. Что-то страшное было в его лице. Князь вгляделся и увидел, что рот у него был разорван и оба уха отрезаны.

Он отвернулся.

Князь Терентий Петрович! — услышал он голос и обернулся. Боярин Колтовский в одном кафтане и скуфейке стоял перед ним и ласково ему улыбался.

— Здравствуй, боярин! — поздоровался с ним князь и невольно прибавил: — страшное у тебя дело.

— Приобыкши... — ответил боярин.

Он был высок ростом и худ, как щепа. Длинная черная борода делала его еще выше и тоньше; острый нос, тонкие губы и маленькие глаза под густыми ресницами придавали лицу его зловещее выражение.

— По делу к тебе, боярин! Сослужи мне службишку, а я уж отслужу, как раб твой, — сказал князь кланяясь.

— Ну, ну, — перебил его Колтовский, — я за приятеля завсегда рад. Да что мы тут! Пойдем в избу! Нет, в избу! — усмехнулся он, заметив, как вздрогнул князь и покосился на застенок. И он повел князя через двор к низкому зданию, что стояло напротив застенка.

Они вошли в избу. Пройдя сенцы Колтовский ввел его в просторную горницу. В углу висели образа до самого низа. У стены перед высоким креслом стоял длинный стол с письменными принадлежностями. В горнице помимо этого стояли скамьи, табуретки, кресла и по стенам висели укладки, а угол занимал огромный рундук.

— Медком или вином потчевать повелишь, — спросил боярин, войдя в горницу. — У меня тут в укладке есть! Опять курник жена изготовила, — с собой ухватил.

— Не пойдет в глотку, боярин! Спасибо на угощении! — ответил князь.

Боярин усмехнулся.

— А я так приобыкши!.. — ответил он снова и раскрыл одну из укладок. Князь увидел в ней чарки и кубки и целый ряд кувшинов и сулей.

Боярин взял с полки одну из сулеек; потом, нагнувшись и засунув руку в глубину укладки, вытащил муравленный горшок, взял две стопки, ложку и вернулся к столу.

— Мы здесь, князь, — говорил он, ставя все на стол, — по-домашнему, только без хозяйки. Случается иной раз с утра уйдешь, да весь день с ночью, да еще день без выхода тут. Как татарин — и не помолишься! Да вот и сегодня работы, ахти сколько! Выпей князь! Не хочешь. Ну, твое здоровьице!

Боярин выпил стопку, крякнул и, запустив ложку в горшок стал есть курник.

— А ты, князь, рассказывай, что за дело! — сказал он.

— Дело-то? А допреж всего мое дело... — начал князь и рассказал про похищение сына своего и про Федьку Беспалого.

— И прошу, боярин, тебя о том, чтобы ты Федьку этого в приказ взял и опросил бы для чего и по чьему напущению такое сделал?

— Что ж, это можно, — ответил боярин. — Выдь-ка, князюшка, на двор да похлопай в ладоши!

Князь тотчас вышел и хлопнул. От сторожевой избы отделился стрелец и спешно подошел к нему.

— К боярину! — сказал князь, возвращаясь в горницу.

Боярин тем временем выпил еще стопку, и острый нос его закраснелся.

— Ты, Еремка? — сказал он стрельцу. — Ну, и пусть ты! Возьми-ка ты с собой Балалайку да Ноздрю и идите вы на Москву-реку, супротив Козья болота, у моста. Так, князь? Ну, так туда! И опросите, там ли Федька Беспалый, — он рапату держит. Слышь, жгли его не так давно.

— Знаю его, боярин, — отозвался стрелец.

— Бражничал у него, поди?

— Бывало!

— Ну, так и говорил бы сразу. Так бери этого Федьку и волоки сюда, а добро его стереги, оставь хоть Ноздрю. Потом дьяка пошлем в царскую казну взять. Иди-ка!

Стрелец поклонился и вышел.

— А вот и сделали! На допрос-то придешь? Звать, что ли?

— Беспременно. О том просить хотел.

— Ну, быть по-твоему! А еще в чем дело?

Боярин выпил еще стопку и налег на курник.

— А еще о немчине Штрассе, — сказал князь.

Боярин откинулся и перекрестился.

— С нами крестная сила! Что тебе до него?

— Пытал ты его или нет?

— Нет! Так, плетью бил только. Такой щуплый... Сбирался на дыбу; ну, а тут государево дело объявилось, так пока в яме держу.

— Так молю тебя, боярин, не трожь его дня два еще. Я о нем царю челом бить хочу, потому он за моего сына заступник, а в вине не причинен.

И князь рассказал про дело немчина.

Боярин от вина посоловел и подобрел.

— Ну, ну, пока что не трону его. Тут государево дело, так и не до него теперь.

Князь встал, подтянул пояс и низко поклонился боярину.

— Ну, спасибо, боярин, на ласке! Теперь за мной черед. Твой слуга.

— Что ты, Бог с тобой! Давай поцелуемся лучше!

И боярин обнял князя, а потом пошатываясь пошел проводить его.

— Что за дело? — спросил князь дорогой, услышав пронзительный вопль из сарая.

— Государево, говорю, — сказал Колтовский. — Слышь, писарь Миколка Харламов след вынул и ворожейке Матрешке Курносовой, наговора ради, отнес; а то видел псарь Андрей Перезвон да Кривошлык; про то и сказали! Теперь правды ищу. Хе-хе-хе! Длинниками всю подлинную узнаю; колышки под ногти пущу, всю подноготную выведу. Хе-хе!

— Брр! — вздрогнул князь.

— Приобыкнуть надо, — хлопая по плечу князя, сказал боярин. — Ну, здрав буди!

— Зашли, как Федьку приведут, на Шереметев двор!

— Беспременно!

И боярин, пошатываясь пошел в застенок, а князь вышел и сел на коня.

Живая голова, увидев свежего человека, вскрикнула голосом смерти и ужаса. Конь шарахнулся, насторожа уши. Князь сжал его коленями и поскакал к патриаршему дому.

Он решил хлопотать сперва у Филарета, чуя в нем более склонного к убеждению человека; а там, в случае отказа, действовать по его наущению.

Въехав на Кремлевскую площадь, он сошел с коня и взял его в повод. Проходя мимо царских палат, он обнажил голову.

16

Князь Теряев даже не ожидал, что его ходатайство за бедного немца увенчается таким быстрым успехом.

Филарет ласково встретил его, порадовался за него, узнав, что сын его найден, и на его просьбу сказал:

— Для народа это делают, а потом и царь по малодушию да наущению Салтыковых. Что до меня, то я и часа бы немчина не держал! Проси царя, я ему от себя тоже скажу!

И, отпуская князя, прибавил:

— А сам из Москвы не отлучайся! Занадобишься вскорости!

Царь Михаил устало выслушал князя и сразу согласился отпустить немчина. Он даже не расслышал хорошо просьбы князя, погруженный в сладостные и тревожные мысли о предстоящей свадьбе.

С отпускной грамотой князь проехал к Колтовскому.

— Сейчас и отпущу его, — сказал боярин. — Только не следует ему в Москве оставаться. От народа беречься надобно!

— А что Федька? — спросил князь.

Боярин развел руками.

— Убег! Как сгорело его гнездо скоморошье, так он и ушел куда-то. Никто даже следа не знает.

Князь злобно стиснул кулаки и сверкнул глазами.

— Попадется еще, а сейчас просьба к тебе одна великая. Коли попадет к тебе какой скоморох проклятый, попытай его насчет сына. Может и доберемся до правды!

— Это можно, князь! Всякого лишним разом подвесим! Это легко!

— Всех бы их перевешал! — злобно произнес князь.

Не из таких он был натур, чтобы прощать обиды и мысль, что его старания остались неотомщенными, отравляла ему радость.

— Все сделал, теперь и домой ненадолго, — сказал он, встретившись с Шереметевым.

— Ну, вот и радость! Только оборачивайся живее!

— В день обернусь, — ответил князь, — а пока я так задумал: возьму к себе я этого немчина воина-то и того брадобрея. Там во дворе у меня лишний сруб найдется; а немчину-то ужо накажу за сыном смотреть.

— А что ж, по хорошему удумал! — согласился боярин.

Князь хлопнул в ладоши.

— Позови, отроче, ко мне Антошку!

И когда Антон явился, он приказал ему:

— Скачи в слободу и накажи нашему немчину, чтобы он беспременно со мною нынче на вотчину ехал, а про того немчина скажи, что он вызволен и ему тоже прочь из Москвы ехать надо. Так, дескать, князь его к себе ан вотчину зовет.

— Слышь, — обратился он к Шереметеву, — мой-то Михалка полюбил уж их очень! Так не забудь, скажи толково! — прибавил он Антону.

Верный стремянный поклонился и вышел.

Эхе сидел возле грустно молчащей Каролины и только тяжело вздыхал.

— О, будь я при вас, я бы отбил вашего братца! — сказал он вздохнув глубоко.

Каролина покачала головой.

— Нет! Их много было. Они и меня чуть не убили. Не спрячь я Миши, Бог знает что бы было. Нет, с ними нельзя драться!

— А оттого, что окон не закрыли, — вмешался с азартом булочник. Сколько раз я говорил ему, а он все со смехом. Молодой человек!

— Эдди, Эдди! — раздирающим голосом воскликнула Каролина, — что со мной будет теперь, как тебя замучают эти звери!

— Тсс! — испуганно зашипел булочник.

— Не плачьте, Каролина, — робко произнес Эхе, — я не буду оставлять вас, если вы меня не прогоните. Я буду работать, увезу вас в Стокгольм! Согласитесь!

Каролина взглянула на мужественное лицо воина и невольно улыбнулась его преданности.

Эхе радостно закивал головой.

— Я жизнь за вас отдам!

Каролина протянула ему руку и благодарно пожала ее.

В этот миг открылась дверь, и на пороге ее показался

измученный человек в грязном изорванном платье, с бледным лицом и растрепанными волосами.

— Эдди!.. — не своим голосом закричала Каролина и бросилась к своему брату.

— Гер Штрассе! — закричал Эхе.

— Штрассе! — кричал булочник.

— Штрассе! Штрассе вернулся!... — разнеслось по слободе, и скоро домик булочника был переполнен народом. Все хотели видеть злосчастного цирюльника, слышать его рассказ, выразить ему сочувствие.

Но, когда собралась толпа его друзей, виновник торжества, полуживой от пережитых волнений, лежал уже на постели булочника в полубеспамятстве и подле него находились только Каролина и Эхе.

— Бульону ему — и здоров будет! — суетился булочник, входя в горницу. — Вина стаканчик. Так, Эдуард, крепись!

Эдуард улыбаясь кивал головой и слабым голосом благодарил всех за участие.

Вдруг среди них появился Антон. Он приветливо поклонился всем и передал предложение князя.

Каролина первая опомнилась.

— Передайте, что мы исполним волю князя, — сказала она Антону.

— А ты со мной поедешь? — обратился он к Эхе.

— Я теперь для князя все сделаю! — энергично ответил Эхе и тотчас стал со всеми прощаться.

Каролина краснея протянула ему руку.

— Мы скоро увидимся с вами, — сказала она ему.

Эхе просиял и несколько раз кивнул головой, потом вдруг порывисто нагнулся, поцеловал Каролину и выбежал из горницы.

Также втроем скакали Эхе, князь и Антон назад из Москвы в вотчину, только в седле у князя сидел еще его сын, который несмотря на бег коня, всю дорогу говорил без умолку.

Все ужасы, пережитые им, как бы не коснулись его, и он рассказывал про мальчиков, каких видел в темном сарае, про скоморохов и наконец про добрых немцев с простотою ребенка, передающего свои несложные впечатления.

Князь слушал его лепет и страстно прижимал его к своей груди левой рукой.

— Мамка-то как обрадуется! — говорил он время от времени.

— А она плакала?

— Все время!..

— И мне скучно было, — вздыхал маленький Миша.

— Теперь не будет, Михайлушка! — ласково говорил ему князь, и суровое лицо его смягчилось нежной улыбкой.

— Едут!.. — заорал во все горло Акимка, чуть не кубарем скатываясь со сторожевой башенки.

— Едут!.. — закричал Влас, бросаясь к терему.

— Едут!.. — подхватила Наталья, вбегая в горенку к княгини.

Они слыхали разговоры Эхе, присутствовали на допросе дворни, видели спешный отъезд князя, его радостное лицо, и с догадливостью дворовых людей смекнули, что князь уехал за сыном.

Эту догадку Наталья осторожно передала княгине, которая только с сомнением покачала головой, но все же сердце ее не могло не поддаться надежде, и она горела, думая про себя радостную и тревожную думу.

Увидит она своего Мишеньку, только каким? Слыхала она рассказы про скоморошьих детей краденых: им и руки вырывают, и ноги ломают, и слепят их.

— Едут!.. — закричала Наталья.

Княгиня быстро встала из-за пялец, но силы тут же оставили ее, и она побледнев опустилась на пол.

Наталья быстро схватила в руки рукомойник и, набрав воды в рот, обрызгала ею княгиню.

— Матушка, — завопила она, — до того ли теперь! Радоваться надо! Эй, девки, берите княгинюшку, вздымайте за рученьки!

Две дворовые девушки вбежали и подхватили княгиню.

Она оправилась и улыбалась, только бледное лицо выдавало ее волнение.

— Ведите меня на красное крыльцо! — прибавила она.

Девушки осторожно вывели ее, а князь уже въезжал в растворенные настеж ворота на широкий двор, на котором толпилась радостная дворня.

Князь осадил коня, спрыгнул с него и, подняв высоко своего сына, радостный пошел к крыльцу.

— Вот тебе, княгинюшка, сын наш! Живой и здравый! Радуйся! — сказал он, ставя сына на верхнюю ступеньку.

— Мамка!

— Мишенька мой! — слились два возгласа, и княгиня, упав на колени перед мальчуганом, целовала его и обливала слезами. Побледневшее и осунувшее лицо ее светилось неземным счастьем. Смоченные слезами большие глаза ее сияли, как звезды.

Видя ее радость, князь отвернулся и смахнул с ресниц невольной набежавшие слезы. Чтобы скрыть волнение свое, он обернулся к дворне и сказал:

— Пить вам на радостях наших мед да пиво сегодня! Дарю всем сукна на платье, а девкам ленты в косы! Радуйтесь с нами, да вперед...

И он шутливо пригрозил плеткой.

— Живи, князь с княгинюшкой на радость! — закричали дворовые.

Князь подозвал Эхе.

— А тебя, добрый человек, не знаю чем и жаловать, — сказал он. — Звал я к себе и тебя и немчина. Дам я вам срубы и землицы отведу, а ты, если захочешь, живи при нас и заодно воинскому искусству обучай моего Михалку. По гроб тебя не оставлю!

Эхе схватил руку князя и порывисто прижал ее к своим губам.

— На всю жизнь служить буду! — горячо ответил он. — Думал в Стокгольм ехать. Не надо теперь Стокгольм! Только... — начал он.

— Что еще? — спросил князь.

— Меня полковник Лесли в Рязань посылал, стрельцов учить, а я...

— Будешь сына моего учить! — с улыбкой перебил князь. — Не бойся! Я в Рязань отписку дам, а Леслею сам скажу!..

Эхе успокоился и улыбнулся.

— А будет война, со мной пойдешь! — добавил князь.

В вотчине князя царила шумная радость. Княгиня в ноги поклонилась князю и обняла его колени.

— Простишь ли ты меня, окоянную, что не досмотрела?... — сказала она.

— Бог с тобой! — взволнованно сказал князь, поднимая жену. Теперь надо бога благодарить. Стой! Я обет дал выстроить у нас церковку Николаю Чудотворцу! Пойдем помолимся!

— Помолимся! — радостно ответила княгиня.

Князь послал нарочного за священником для молебна. К вечеру приехал священник.

В то время было много священников, оставшихся после московского разорения без церкви. Они ютились при чужих приходах, выходили днем на базар, и иной священник за калач служил молебен, а за алтын обедню.

Седенький, в лаптях и онучах, в рваной, заплатанной рясе, с бородкою клинушком, он робко переступил порог княжеских хором и дрожащей рукой благословил князя с княгиней.

Князь поклонился ему в землю, потом принял благословение, поцеловал ему руку и сказал:

— Как звать, отче?

— Отцом Николаем, родимый, Николаем! При Козьме и Демьяне стоял, да вот пришли ляхи; церковь опозорили поначалу, потом сожгли, доченьку в полон взяли, жена умерла от горя, сначала ослепнув от слез, и оставила меня сиротинку, без паствы, без друга, как былиночку!

Голос его задрожал и пресекся, из глаз скатились слезы, он опустил голову.

Князь тихо взял его под локоть.

101

— Бог не оставит тебя своей милостью, как нас не оставил, — сказал он, улыбаясь жене. — Вот пропадал сынок наш, — скоморохи украли. — Нынче нашли его мы к своей радости. По тому случаю обет дали церковку выстроить. Будь у нас попом и живи спокойно!

Священник заглянул на него растерянно, смущенно улыбнулся и тихо сказал:

— Сон въявь! Истинно, Господь Бог указует пути нам; а мы, что дети малые, неразумные, и не знаем Его помысла!

В это время вошла Наталья с девушками и спешно уставила стол питиями и явствами.

— Откушай с дороги, а там отдохни! Завтра сослужим Богу...

— Во имя Отца и Сына и Святого Духа! — благословил отец Николай трапезу.

На другой день князь не мешкая указал место для церкви и отрядил слуг за лесом. И, все устроив, с радостным сердцем поехал в Москву.

А спустя три дня к княжеской усадьбе подъехали два воза со скарбом немчина Эдуарда Штрассе.

Сам он с сестрой шли позади возов. Эхе их встретил и указал им место, где селиться, а потом свел их в избу, временно для них назначенную.

Княгиня не побоялась позвать к себе Каролину и обласкала ее.

Миша, увидев ее, бросился ей на шею и весело смеялся.

— Расскажи мне все, девушка! — сказала княгиня.

— И рассказывать нечего, — тихо отвечала Каролина. — Счастливы мы от княжеской милости теперь на всю жизнь.

И потом она все-таки рассказала все от первого появления у них ночью Эхе с мальчиком до встречи с князем. Рассказала про испытанный ужас, когда взяли ее брата, про то, как она с Мишей пряталась, как боялась за брата, как все говорили, что его казнят. А потом, как приехал князь, словно ясное солнце, и все обернулось к хорошему.

И до конца.

Народ, прослышав, что брат ее на свободе, хотел сам расправится с ним, и некуда было им податься, если бы князь не оказал им приюта.

При этом Каролина опустилась на колени и поцеловала руки княгини.

— И Бог с тобой, девушка! — ласково сказала ей княгиня. — Живите на здоровье! А что не нашей вы веры, так слышала я, что в Бога верите и Христа нашего чтите!

Однако, княгиня, все-таки, после ухода Каролины позвала отца Николая и велела ему окропить свои горницы святой водой, с соответствующей молитвой.

Всем было весело и радостно.

Князь, приехав в Москву, говорил Шереметеву:

— Всем радостен и для полного счастья только бы мне вора поймать! Не могу успокоится, лишь о нем думаю. Так вот кровь и бурлит от гнева.

— Горячка ты, княже! — шутя отозвался Шереметев, гладя бороду. Однако я так смекаю, что этот Федька не без напущения действовал. Ну, да правда наверх, как масло на воде всходит. Дождемся!

17

Во время беседы князя с Шереметевым в горницу вошел дворецкий.

— Чего тебе? — спросил Шереметев.

— Да вот за князь Терентием Петровичем засыл.

— От кого?

— От боярина Колтовского!

Князь быстро встал.

— Кто прислан?

— А надо быть, стрелец.

Князь вышел в сени, оттуда на крыльцо. Внизу стоял стрелец. Увидев князя, он низко ему поклонился.

— Будь здоров, князь, на многие годы! Боярин Яков Васильевич заказал кланяться тебе да сказать, что вор тот, Федька Беспалый у него в приказе с утра сегодня. Не соизволишь ли заглянуть?

— Благодари боярина на доброй вести, — взволнованно сказал князь, да и тебе спасибо! Лови!

Князь кинул ему из кошеля, что висел у пояса, толстый ефимок и возвращаясь крикнул дворецкому:

— Коня мне!

Полчаса спустя князь снова был в знаменитом Зачатьевском монастыре и, сидя с боярином в избе, с нетерпением расспрашивал его о Федьке.

Боярин опять прихлебывал из сулеи, на этот раз вино аликантное, опять заедал его добрым куском буженины и объяснял все по порядку.

— Ишь ведь горячка ты, князь! Сейчас: что сказал? Я же его и не допрашивал вовсе! Как обещал тебе, так и сделал: чини сам допрос, а меня потом каким ни на есть добром отблагодаришь. Слышь, ты ныне к царю близок.

— Взял-то ты его откуда? — спросил князь.

— Да вот поди! Людишки-то мои везде толкаются, опять и средствия тут у нас разные есть. Потянули это мы единожды одного скомороха, а он и укажи: в Ярославле, дескать, теперь Федька этот, там рапату держать собирается. Ну сейчас туда отписку, да там его и взяли, а оттуда сюда. Что ж, пойдем, поспрошаем?

Боярин поднялся и кивнул князю.

Князь пошел за ним.

Они перешли грязный двор и вошли в застенок.

Обстановка и убранство внутри сарая были то же что и в Рязани, только сарай был побольше, да и мастеров числом тоже больше. Мастера сидели у нехитрых снарядов, приказный дьяк уже сидел за столом.

Боярин перекрестился на образа, пролез за стол, указал место князю и сказал дьяку:

— Князь Теряев на место меня допрос чинить будет, а ты пиши да, в случае что, указывай!

Дьяк поклонился поясно князю и снова сел, готовя бумагу и перья. Его взрытое оспой широкое лицо с огромным сизым носом и крошечными глазками, с жиденькой бородкой и толстыми губами, приняло омерзительное подобострастное выражение.

Он прокашлялся и сказал мастерам:

— Федьку, по прозванию Беспалого!

Один из мастеров скрылся. Князь нетерпеливо повернулся на месте. Минуты ожидания показались ему часами. Наконец послышалось бряцание цепей, скрипнула дверь, и в сарай ввели Федьку. Он был жалок, опутанный цепями; невыразимый ужас искажал и без того обезображенные черты его лица.

Войдя он упал на колени и завыл.

— Пресветлые бояре, кому что худо я сделал? Разорили, сожгли меня тута посадские да ярыжки; ушел в Ярославль, греха подальше и там сымали меня сыщики и сюда уволокли. По дороге поносили и заушали, в яму бросили, а чем я, сиротинушка пови...

— Молчи, смерд! — закричал на него вдруг князь. — Ты Федька Беспалый? Отвечай?

— Я бояр... — начал Федька, но взглянув на князя, вдруг побледнел как бумага и не смог окончить слова.

— Знаешь кто я?

Федька собрался с духом.

— Как не знать мне тебя, князь Терентий Петрович! Кто тебя по Москве не знает...

Князь нетерпеливо махнул рукой.

— Ответствуй теперь, для чего, по чьему наговору, или по собственной злобе, или корысти ради, моего сына заказал скоморохам скрасть, а потом заточил его?

Федька сделал изумленное лицо.

— Смилуйся, государь! — завыл он. — Николи твоего сына в очи не видел, ведом не ведал. Кто оплел меня, сиротинушку?

— Брешешь пес! Говори по правде!

— Дыбу!.. — коротко сказал дьяк кивая мастерам.

Федьку вмиг подхватили под руки, в минуту сняли с него

105

цепи, еще минута, и слух присутствующих поразил раздирающий душу крик.

Трудно сказать, взяли ли мы с запада (через Польшу) всю целиком систему допросов "пристрастием" и весь инвентарь дьявольского арсенала, или дошли до него сами, только печать нашей самобытности, несомненно, лежала и тут. Известно, что от татар мы взяли только кнут да правеж, но ко времени описываемой эпохи у нас был так полон застеночный обиход, что в пору любой испанской инквизиции. Правда, все у нас было проще: вместо знаменитой "железной девы", которая пронизывала жертву сотнею кинжалов, оставляя нетронутым только сердце, у нас имелись две доски, утыканные гвоздями. Клали на одну доску, прикрывали другой и для верности ложился на нее заплечный мастер, вместо не менее знаменитой "механической груши", разрывавшей рот, у нас забивался просто клин с расклинием, вместо обруча надевалась на голову простая бечевка и закручивалась, пока у пытаемого не вылезали глаза, ну, а клещи, смола и сера с тем же успехом, хотя и без знаменитых сапог... Рубили у нас головы, четвертовали, колесовали, жгли и в дополнение сажали на кол и зарывали в землю.

Несомненно, все это осталось нам в наследство от Ивана Грозного.

Федьку потянули на дыбу; дюжий мастер повис у него на ногах, и руки, хрястнув в предплечьях, мигом вывернулись и вытянулись, как канаты. Другой мастер сорвал с Федьки рубаху и замахнулся длинником...

— Спустите! — тихо приказал дьяк.

Веревку ослабили.

Федька упал на пол.

Мастер плеснул ему в лицо водой из ковша.

— Скажешь? — спросил Федьку дьяк, когда тот очнулся.

— Ох, батюшки мои, скажу! Ох, светики мои, все скажу! — простонал Федька.

— Все?

— Как перед Истинным Богом все! Ох, косточки мои! Ох!

106

— Знал, что мой сын? — глухо спросил Теряев.

— Ох знал! Знал, государик мой!

— Сам скоморохов заказывал?

— Ой, нет! Просто привели, я и признал... да!

— Сына-то? Что ты брешешь?! — не утерпел боярин.

— Подтяни! — сказал дьяк.

Блок заскрипел снова.

— Ой, не надо! Ой, милые, не надо!

— Ты так говори, стоямши, с усмешкой пояснил дьяк.

Федьку поставили на ноги и слегка приподняли его руки, одно движение мастера и он мог висеть на четверть аршина над полом.

Федька стал давать показания. Князь торопил его. Бывали минуты, когда Федька заминался, его подтягивали или оглушали ударом длинника, и он продолжал свою повесть.

Приезжала до него бабка колотовка из Рязани, Матрена Максутова, прозвищем Огневая. Была красавицей, ныне воеводством занимается. И привезла она ему наказ от воеводы рязанского, Семена Антоновича Шолохова, чтобы он де извел щенка князя Растеряева, за что посулил сорок рублей, а в задаток полсорока. Бил он, Федька, с ней по рукам, а потом засылал на княжию вотчину скоморохов, сговорившись на десяти рублях. Привели его, мальца, как есть в канун въезда Филарета в Москву от плена польского, он схоронил его, а там, на другой день рапату разбили, сожгли и мальца у него скрали... Только ему и ведомо.

Князь сидел сжавши голову руками и, казалось, ничего не слышал. Признание Федьки изумило его и совершенно сбило с толку. Боярин Шолохов, воевода Рязанский? Был он в думе на Москве, потом был послан на воеводство... вот и все. Не было про меж них ни ссор, ни какой зацепки. С чего ему?

— Что Матрена тебе говорила? Для чего воеводе мое сиротство нужно? наконец, спросил он.

— Не сказывала, светик мой, не сказывала! Ой, не тяните! Как перед Богом говорю, не знаю!

Князь махнул рукой и встал. Колтовский вышел за ним.

— Ну, вот, князь, и дознались! Теперь ищи своего врага...

— Все мне враги!

— Что ты? Кто все?

— Воевода этот, Матрена, Федька Беспалый, скоморохи... всех изживу!

Боярин усмехнулся.

— Ну, Федьку я на себя возьму. Поспрошаем его насчет казны, а там и на виселицу. Воеводу с Матрешкою этой, может и сам доймешь, ну, а скоморохов... — боярин развел руками, — много их больно, князюшка!

— Травить псами у себя на вотчине заказал, а сам бить их буду!

— Не перебить всех! — засмеялся боярин и сказал. — Однако, не помяни лихом! Прощай, князь! А я пойду Федькину казну искать.

И хрипло засмеявшись, он пошел в застенок. Князь вскочил на коня и поехал в дом Шереметева.

18

Пылкий князь рвал и метал в нетерпении, горя местью к мало знакомому воеводе рязанскому.

Вскоре поехал он на Верх, чтобы бить челом царю, и вдруг узнал, что царь с матушкой своей поехал к Троице, а оттуда на Угрешь, на богомолье. А там, поехали по городу бирючи клич кликать: девиц на царские смотрины собирать. Потянулись вереницею по Москве возки, колымаги, забегали по дворцу царские слуги, размещая всех.

Приехал царь, начались смотрины, не до князя и не его жалобы царю было.

Кинулся князь к патриарху, тот хоть и принял его ласково, но ответствовал:

— Невместно мне в столь суетное дело вязаться. Бей челом царю на том, чтобы он выдал тебе воеводу головою, а я в стороне; у меня дела государские, а не сия пустяшь.

— Но, святый отче, до того же царю теперь? — взмолился князь.

— Потерпи!

А тем временем дочь боярина, князя Владимира Тимофеевича Долгорукова, княжну Марию Владимировну на Верх взяли и царской невестой нарекли.

Не медлил царь и вскорости была назначена свадьба.

Поскакал бы в Рязань князь и глаз на глаз переведался бы с воеводою, если бы не удержали его Шереметев да жена. Для своего успокоения на время взялся он за постройку и стал выводить себе палаты на Москве-реке, недалеко от немецкой слободы.

Из слободы вызвались охотно помогать ему чертежник да кровельщик, и действительно на удивление всем строились пышные хоромы князя. В три этажа выводил немчин терем, а за ним становилась церковь маленькая, а там летник да бани, да службы, да клети, да кладовки, да подклети, и наконец, садовник, тоже из слободы, наметил богатый сад с прудом и фонтаном.

Строилась церковка и на вотчине, и не будь этих строек, умер бы с досады и нетерпения князь. Только и отвел он душу свою, что длинную отповедь своему другу Терехову послал, моля его в то же время ни своей бабе о том не говорить, ни воеводе словом не намекнуть.

"А коли можешь окольностью правду допытать, в кую стать он черную злобу на меня имеет, то допытай и допытавши отпиши. А я, царя повидавши, бить челом буду, чтобы выдал он мне пса смердного головою, и ужо от него правды с дыбы дознаю".

19-го сентября праздновалась свадьба царя Михаила с Марией Долгорукою. Пышная была свадьба.

Царь был светел и радостен, как Божий день.

Молодая невеста сияла царственной красотою, и патриарх со слезами умиления на глазах соединил их руки.

Великое ликование было и по всей Москве. Царь приказал народу выкатить две сотни бочек меду и триста пива, и в то время, как пировал сам в терему, народ пил на площади, гулял и оглашал воздух радостными криками.

В царских палатах в четыре ряда были поставлены столы, каждый на двести человек, а наверху стоял на особом возвышении под балдахином малый стол, за которым сидели царь с венчанной царицей и патриарх. Подле них стояли шесть стольников, два кравчих и четыре подносника, что разносили жалованные от царя кушанья.

Когда пир дошел до половины и был дан роздых, во время которого гостям разносили вина: барц, аликантское и венгерское, — молодая царица встала, поклонилась гостям и вышла из покоев.

Пир продолжался. Время от времени стольники подходили то к одному, то к другому боярину и, поднося ему кубок с вином или блюдо с ястью, говорили:

— Великий государь, царь Михаил Федорович жалует тебя, боярин, чашею вина (или блюдом)...

Боярин вставал и кланялся царю.

Вставали все и кланялись отличенному, а он в ответ кланялся каждому особняком. Стольник возвращался на место, кланялся царю и говорил:

— Великий государь, боярин бьет тебе челом на твоей милости.

Потом пир продолжался.

Царь особенно жаловал князя Теряева то чашею, то блюдом, а к концу пира подозвал его к себе и стал милостиво говорить с ним:

— Слышал, князь, строишься на Москве?

— Строюсь, государь! — ответил, стоя на коленях Теряев.

— Что ж, как стройка идет?

— Ладно, государь: немцы из слободы радуют очень!

— То-то, стройся, чтоб ко мне ближе быть. Люб ты мне, князь! Еще с того времени люб, как со мной на соколиную охоту выезжал, спускать кречетов учил.

Князь поклонился.

— А теперь на радостях я тебя порадовать охоч. Слышал,

110

ты все собирался селом мне бить, да мне-то все недосуг был. Сказывай теперь, в чем твоя просьба!

— Великий государь, на обидчика своего бью челом тебе! — и князь крепко ударился трижды лбом об пол.

— Что ты, князь Терентий? Вставай скорее! Говори, кто тебя чем забидел, — мы тут думой рассудим! — и царь шутливо показал на присутствующих.

Князь поднялся и начал рассказ про свою обиду от первого часа, как узнал про пропажу сына.

Рассказал он про страдания жены своей, про свои мучения, про напрасные розыски, потом про немцев, про то, как сына нашел и, наконец, про допрос Федьки Беспалого и его оговорь.

— Что я сделал тому боярину, не ведаю; за что он на мня такое зло замыслил, не удумаю. Прошу, государь, об одном тебя, не прости ты моему супротивнику, отдай его мне, чтобы я от него правду дознал! — и князь снова повалился царю в ноги.

— Великое злодейство! — сказал содрогаясь царь. — Ну, да не тужи" Выдам я его тебе головою: сам правду доведаешь. Приди завтра утром, — при тебе указ велю написать; а теперь выпей чашу во здравие!

И пир снова пошел своим чередом.

Далеко за полночь разъехались гости по домам своим. Шереметев дорогою говорил Теряеву:

— Отличил тебя нынче государь супротив всех! Держись теперь Верху ближе; выведешь хоромы и сейчас княгиню перевози.

— Теперь правды дознаюсь! — не слушая его, повторял князь, и лицо его светилось злобной радостью.

На другой день, сейчас после заутрени, князь явился на Верх бить снова челом царю на вчерашнем посуле.

Странное смятение поразило его в покоях. В сенях князь Черкасский озабоченно говорил о чем-то с Иваном Никитичем. С царицыной половины спешно вышел князь Владимир Долгорукий. Иван Никитич обратился к нему:

— Ну, что?

Князь скорбно качнул головой.

111

— В аптекарский приказал послать!

Князь Теряев подошел к ним и поздоровался.

— Али что случилось? — спросил он тревожно.

Князь Черкасский кивнул.

— Царице занедужилось, как с пира ушла; в ночь похужило, а теперь криком кричит...

Все в унынии смолкли.

Дворецкий вышел и сказал:

— Государь князя Теряева перед очи зовет!

Князь вышел и через минуту бил челом своему царю.

Вчерашняя радость сошла с лица Михаила и сменилась скорбной тенью.

— Встань, сказал он князю. — Жалую тебя к руке моей.

Князь порывисто поцеловал царскую руку.

— Вот то, о чем просил ты. Подай, Онуфрий!

Дьяк спешно подал царю два свитка, скрепленных царской печатью.

— Тут, — сказал царь, — наказ чтобы того воеводу сменить, а на место его ставлю друга твоего, сменить, а на место его ставлю друга твоего, Терехова-Багреева, а тут, — он взял другой свиток, — наказ, чтобы шел к тебе Шолохов с повинной головой, а потом в приказ его возьмем.

Князь повалился к царю в ноги.

— А ты, Онуфрий, сие немешкотно с гонцом пошли, да еще наказ боярину Терехову изготовь, дабы все описью принял; и казну, и хлеб, и зелье, и свинец, и весь наряд.

Дьяк поклонился. В это время в палату вошел Шереметев.

— Ну, что государыня? — быстро спросил царь.

— Не ведаю, государь! Сейчас только туда дохтуров Дия да Бильса спослал.

— О-ох! — простонал царь, закрывая лицо руками, — наказует меня Господь сверх сил.

112

19

Боярин Терехов-Багреев ходил сам не свой, получив от князя послание.

— Чтой-то? — думал он. — И ума не приложу к такому окаянству. Для чего боярин Семен Антонович такое скаредное дело замыслил? И в дружбе не были и делить ничего не делили. Поди ж ты! Оплел его этот Федька поганец и все! Пишет: допытайся! Когда ж это я в жмурки играл? Ишь тоже допытчика нашел!..

И после многих лет послеобеденный сладкий сон бежал от его глаз. В конец измучился со своей тайной добрый боярин. Ольга Степановна стала приставать к нему:

— Свет Петр Васильевич, да поведай ты мне: али горе какое, али черная немочь напала на тебя? Глянь, сокол мой: все-то мы извелись на тебя глядючи. Кажется, все у нас есть: дом-полная чаша, Олюшка растет на радость, да и жених ее отыскался. А ты?..

— Уйди! — угрюмо отмахивался от нее боярин. — Не бабьего ума дело кручина моя, вот что! Такое умственное дело...

— Так ты бы дьяка Егора Егоровича покликал. До всего дошлый человек!

— Ахти! — всплеснул руками боярин. — Ну и что же ты лотошишь такое! Дьяк! У дьяка душа продажная, а тут тайна! И боярин поднял кверху палец, толстый, как добрый сучок.

— Ну, Семена Андреевича. Он друг тебе, брат названный и думать горазд.

Лицо боярина просветлело. Он закивал головой.

— Вот, что дело, то дело! Добрая ты жена, Ольга моя, свет Степановна! Вели-ка, чтобы спосылали кого за Сенюшкой. Кланяется, мол, боярин и по делу просит!

В тот же вечер, распивая черемуховый мед и заедая оладьями, боярин долго беседовал с другом своим Андреевым.

— А главное, теперь и в толк не возьму, жаловался боярин, — как мне вести себя с воеводою. Держать хлеб-соль или откачнуться? Прямить ли ему?

Андреев погладил бороду.

— Нет, Петя, сохраним все в тайности и за всем примечать будем. Словно ты и грамоты не получал; а я уж знаю, как дело повести.

Боярину стало словно легче. После того он не раз делил хлеб-соль с воеводою, и мысли о послании князя отошли у него в сторону.

В те поры добрый был обычай от времени до времени, скуки ради, пиры устраивать, и на тех пирах добрый хозяин дарил гостей, кого чашей, кого блюдом, кого шапкой а гости, опохмеляясь, на другой день слали от себя доброму хозяину подарки отдариваясь. Для корыстных воевод этот обычай обратился в способ брать взятки. Как оскудеет казна воеводская, сейчас он пир устраивал. Созывал на пир гостей, людей торговых, купцов проезжих и дарил их скудно, а на другой лень ждал от них добрых подарков, и плохо было тому, кто не угождал воеводскому оку корыстному.

Созвал гостей и воевода Семен Антонович Шолохов. Для прилики бил челом и боярину Терехову и Андрееву, и многим другим именитым в городе людям, и съехались гости на честной пир со своими холопами.

Огромная горница была установлена столами с местами человек на двести, в голове стола сели воевода, губной староста Андреев и боярин Терехов. Далее сели именитые купцы, еще далее гости именитые, что отчество на "вичь" писаль, а дальше кто где простые гости да посадские из толстосумов.

Воевода захлопал в ладоши и пир начался.

Слуги внесли на огромных блюдах жаренных гусей и индеек, нарезанных на куски.

Воевода встал, низко поклонился гостям и просил откушать.

— Ешь, Ефимович, во здравие, — с усмешкой сказал рыжебородый купец своему соседу, — а завтра расплачиваться будем.

— В этом году третий раз пирую. Грехи наши тяжкие! — вздохнул Ефимович.

Тем временем воевода беседовал со своими соседями.

Недавно вернувшийся из Москвы дворянин Стрижов передавал московские новости, а слуги обносили гостей супами, несли щи, лапшу куриную, несли уху и рассольник, каждому по вкусу.

— Ишь, ведь, — вставил слово свое боярин Терехов, — как вашему другу Тереше повезло: вверх идет!

— Это кто? — спросил Стрижов.

— Да князь Теряев-Распояхин!

На лице Стрижова выразилось почтение.

— Важная особа! — сказал он. — Царь при мне его в окольничьи пожаловал, строится на Москве приказал, всякое отличие ему идет.

Андреев взглянул на воеводу и заметил, как жирное лицо его покраснело. Он ткнул боярина в бок и сказал:

— Да окромя милостей и счастье ему: слышь, сына-то у него скоморохи скрали, а теперь...

— Что? Или еще родился? — тревожно спросил воевода.

— Нет! Сыскал сына-то!

— Врешь! — не своим голосом вскрикнул воевода. Лицо его посинело, жилы на короткой шее вздулись.

— Зачем врать! Пес врет, — ответил Андреев. — Да еще сымал главного татя, Федьку какого-то Беспалого, пытал его, тот с дыбы ему доказывал.

— Меду! — едва слышно прохрипел воевода, быстро отстегивая запонку на ворот рубахи.

Даже гости испугались вида воеводы и повставали с мест, но воевода оправился и махнул рукой.

— Чего повылезли? — сказал он грубо. — Чай, еще и не в полпир! Эй, вы! — торопитесь с медами!

Слуги торопливо забегали, разнося меды, томленные и варенные, малиновый, яблочный, смородинный и прочих ягод.

Началось питье. Воевода, видимо, оправился и торопил гостей пить, покрикивая на них.

— Пей — душа меру знает! — выкрикивал он время от времени.

После питья началась снова еда. Понесли жирный курник, оладьи, варенухи, бараньи почки, одно за другим, все тяжкие блюда, от которых немцу бы давно был карачун.

Наконец слуги убрали все со стола и, поставив перед каждым чашу или стопку, или кубок, начали разносить мед и вина.

Воевода встал и громко сказал:

— Во здравие и долголетие великих государей наших, царя Михаила Федоровича и родителя его, преславного святого патриарха всея России, Филарета Никитича!

После этого он выпил до дна свою чару и опрокинул ее над своей головой.

— Во здравие и долголетие! — подхватили гости, и всяк проделал то же.

После этого стали поочередно пить за воеводу, за губного старосту, за стрелецкого голову, за боярина Терехова, за Стрижова, за прочих дворян, а там за каждого гостя особо и гости быстро захмелели.

Стало темнеть. В горницу внесли пучки восковых свечей. Крик и смех смешались в общий гул, как вдруг дворецкий подбежал к воеводе и что-то тревожно зашептал ему.

Воевода словно протрезвился, гости стихли.

— Ко мне? — громко сказал воевода, — гонец царский! Клич его сюда, встречай хлебом-солью! — и он торопливо встал и шатаясь пошел к дверям.

В дверях показался посол, дворянин Ознобишин, Воевода опустился на колени и стукнулся лбом в пол.

— Воеводе, боярину Семену Антоновичу Шолохову грамота от государей! громко сказал гонец.

— Мне, милостивец, мне! — ответил воевода. — Пирование у нас малое. Не обессудь!

Гонец подал две грамоты воеводе. Тот обернул руку полою кафтана, принял грамоты и благоговейно поцеловал царскую и патриаршую печати.

— Може, на случай здесь есть и боярин Петр Васильевич Терехов-Багреев?

— Здесь, здесь! — ответили протрезвившиеся гости.

Боярин с недоумением встал.

— Здесь я, батюшка! — отозвался он.

— И до тебя грамота от государей! — сказал гонец, протягивая свиток, после чего сбросил с себя торжественный тон и просто сказал: — Ну, поштуй!

Воевода встрепенулся.

— Откушай за здоровье государей! — сказал он, беря с подноса, что держал уже наготове дворецкий, тяжелый кубок, — а кубком не обессудь на подарочке!

— Здравия и долголетия! — ответил Ознобишин и махом осушил кубок.

— Сюда, сюда, гость честной! — суетясь повел гонца воевода в красный угол. — Здесь тебе место. Чем поштовать?

Гонец лукаво усмехнулся и ответил:

— Грамотки бы прочел сначала!

— Чти, чти! — загудели гости.

Воевода и сам торопился узнать содержание грамот, и теперь растерянно искал глазами своего дьяка, но на пустом месте, где прежде сидел дьяк, торчали только его здоровенные, железом подкованные сапоги; сам же он уже мирно храпел под стулом.

— Свинье подобен! — с злобным отчаянием сказал воевода.

Андреев поднялся и сказал.

— Давай, что ли, боярин, я прочту!

— Прочти, прочти, светик! — обрадовался воевода, протягивая Андрееву свитки.

Андреев взял их и, поцеловав печати, осторожно развязал шнуры и распустил один из свитков.

Кругом все стихло.

Андреев откашлялся и стал читать:

"Воеводе рязанскому, боярину Семену Шолохову. Бить челом на тебя нам, государям, наш окольничий, боярин князь Терентий Теряев-Распояхин на том, что ты в умысле злом и лукавом заказал Матрешке Максутовой, бабе подлой, скрасть его сына, Михаила".

— Господи помилуй! — пронеслось меж гостей.

Воевода стоял, держась о край стола и смотрел на Андреева безумным, неподвижным взором. Шея его вздулась, лицо посинело. Он судорожно рвал на вороте рубаху.

"А та баба подлая сие дело скаредное, продолжал читать Андреев, передала Федьке Беспалому, что в приказе обо всем с дыбы покаялся. И мы, государи, сие челобитие князя приняли и на том порешили: чтобы ты, боярин, сие дело скаредное учинивший, шел с повинной до князя, коему выдаем тебя головой!" — А подписи, закончил Андреев, — "Божьей милостью, великий государь царь и великий князь Михаил Федорович и многих государств господарь и обладатель". А другая: "Смиренный кир Филарет Никитич, Божьей милостью великого государя царя и великого князя Михаила Федоровича всея России самодержца, по плотскому рождению отец, волей Божей по духовному чину пастырь и учитель и по духу отец, святейший патриарх московский и всея России". Андреев замолчал. Наступила гробовая тишина, дьяк очнулся под столом от жуткого молчания и осторожно вылез.

Воевода тяжело перевел дух и прохрипел:

— Другую!

Андреев развернул другой свиток.

"Боярину Семену Антоновичу Шолохову. Приказываем мы, государи, сняться с воеводства рязанского и все дела свои, и росписи, и весь обиход, и наряд воеводский, зелье, казну, свинец, хлеб и пушкарский обиход сдать по росписи боярину Терехову-Багрееву, коему воеводство править и нам прямить".

— Жжет! — не своим голосом крикнул воевода и грузно упал на стол.

— Дурно ему! Воды! Знахаря! — закричали смутившиеся гости.

— На воеводство тебя, Петя! — сказал, подходя к боярину, Андреев.

Боярин с ужасом замахал руками.

— Господи, страсти какие! — прошептал он.

Тем временем воеводу слуги унесли в опочевальную. Гости стали расходиться и каждый низко кланялся новому воеводе.

Вдруг к нему подошел дворецкий.

— Боярин просит тебя до него.

Терехов быстро поднялся, несмотря на свою тучность, и поспешил к бывшему воеводе.

Он лежал как гора, на широкой постели и тяжело хрипел. Из свесившейся руки в глиняный таз текла черная кровь, ловко выпущенная татарином-знахарем.

Увидев Терехова, он взглядом подозвал его к себе и зашептал:

— За попом послал! Смерть идет... Где ж мне до князя с головой?.. Тебе покаюсь... грешен... сбила меня жена с тобой породниться... свово сына за твою дочь прочили... жадны были, на твое добро зарились. Опять, и сына любим... Я нет, а они все свое... Удумали для начала княжонка извести, а там и самим свататься. Прости, боярин, тебе как на духу каюсь!

— Бог простит! — не веря своим ушам, смущенно бормотал Терехов.

В это время в опочевальню вошел священник.

Воевода рязанский смещался с своего места Божьей властью...

20

Князь Теряев-Распояхин уже отстроил свой дом и сад разбил, и церковку домовую освятил, перевез княгиню со своим Мишей, оставил в вотчине славных немцев Штрассе и Эхе, — но все еще медлил править новоселье.

Не до того было всем близким до царского Верха людям. Все разделяли царскую тревогу и печаль и ходили унылые, словно опальные. С утра по Москве несся колокольный звон и народ толпился в церквах, молясь о здравии молодой царицы. С того самого часа, как встала царица из-за пира, ей занедужилось и вот уже третий месяц на исходе, как хуже и хуже ее болезнь. Приковала она ее к постели, засушила ее тело, очи ввалились, нос заострился, на щеках словно огневица горит и все кровями кашляет. Доктора голову потеряли, видя как тает красавица, стали знахарей из Саратова звать, с Астрахани: с Казани, — ничего не помогало царице.

Измученный скорбью, царь неустанно молился, и уста его только одно шептали:

— Божий суд! Наказует меня Господь не по силам моим.

Свободное время он боялся оставаться один, окружал себя ближними и сидел между них, не говоря ни слова, унылый и скорбный.

Только время от времени приходили к нему и докладывали о здравии царицы. А она, голубка, лежала: медленно сгорая от злой болезни и думала горькую думу о людском зле, что в то время всякую болезнь приписывали глазу или отрав.

Царь сидел за столом. Справа и слева от него стояли новые часы. Одни показывали, как солнце всходит и закатывается, как в полночь показывается месяц, другие каждый час играли сладкую музыку. Но не радовали его эти диковины.

Вокруг него стояли бояре, Ближе всех князь Теряев и Шереметев с Черкасским. Ждали часу, когда ударять к обедне, а до того царь принимал челобитные. Но ни на одного из вошедших даже не взглянул царь, и бумаги отбирал Шереметев.

И вдруг среди тишины вместо звона церковного донеслось в горницу скоромошья песня.

> Эй жги!..
> Ехал дьяк по улице
> На сиротской курице,
> А жена за ним пешой
> Заметая след полой...

Звонкий голос несся, мешаясь со звоном балалайки.

Бледное лицо царя окрасилось румянцем, глаза вспыхнули. Он выпрямился и гневно сказал:

— В час скорби скоромошья песня! Непригоже!..

Князь Теряев вдруг рванулся с места. Глаза его загорелись.

— Государь! — сказал он. — Скоромошье дело — бесово дело! Только людей сбивают с пути. А ныне и того богопротивнее. Дозволь скоромоший приход изничтожить!

Царь устало кивнул головой.

— Негожее дело, срамное дело, — тихо сказал он, — и отцы наши говорят: "И думал истинно, как отвратити людии от церкви, и собрав беси, преобрази в человека и идяще в соборе велице пришед во град и вси бияху в бубны, друзия в козищи и в свирели и иния, сквернословя и плясахом, идяху на злоумысление к человеком, мнози же оставивши церковь и на позоры бесов течеху..."

Но князь уже не слышал царской речи. Как голодный зверь выбежал он из дворца, прыгнул на своего коня и, кивнул челяди:

— За мной! — пронесся по улице.

Пьяный посадский, идя впереди веселой компании, бренчал на балалайке, выводя тонким голосом:

Эй жги! Говори, говори!

Князь наскочил на него, и в один миг балалайка вдребезги разлетелась об голову посадского.

Князь бросил обломанный гриф и сказал:

— Царь запретил скоромошьи приборы. Иди и бей их!

Посадский обалдело посмотрел на него, потом вдруг заревел:

— Бей скоморохов! — и бросился с этим криком по улице, а за ним его пьяные товарищи.

А князь скакал дальше, направляясь в самое шумное кружало Балчуг.

Как всегда, там стоял дым коромыслом: скоморохи пели и плясали, дудели, играли и барабанили на потеху ярыжек. Князь ворвался и приказал именем царя отбирать от скоморохов гусли, свирели, домры, бубны и угольники.

Скоморохи подняли вой, но князь с каким-то жестоким удовольствием бил их инструменты и кричал:

121

— Будет вам народ соблазнять!

Три дня он со своей челядью рыскал по городу, именем царя уничтожая скоромошьи инструменты. Разбитые, с порванной кожею, с оборванными струнами кидались они на возы и посылались в разбойный приказ на сожжение.

Рассказывают, что в эти дни пять полных возов было сожжено палачами.

Князь словно успокоился, насытив жажду мести скоморохам; с того момента, как он получил от Терехова-Багреева отписку с рассказом обо всем случившемся, вся ненависть его сосредоточилась на одних скоморохах, и теперь ему сразу стало легче.

На другой день он даже вызвал слабую улыбку на лице царя, когда рассказывал про свой поход против них.

Царь одобрительно покачал головой.

— Богу, слышь, сие угодно было, — сказал он. — Царице полегчало!

Все окружающие благоговейно перекрестились.

— Слышь, — продолжал царь, — с Казани мурза прибыл, настой из трав ей дал, ей, голубке, и легче стало. Был у ней ноне от утрени, говорил с ней. Такая ли ныне хлипкая стала"

И царь замолк. Потом снова обратился к князю:

— Ну, а что у тебя? Был воевода с головой?

— Нет, государь, помер.

Царь широко перекрестился.

— Упокой Господи душу раба твоего... Как его-то?

— Симеона...

— Симеона, — повторил царь. — С чего же помер?

Князь рассказал все по ряду.

Царь опять перекрестился.

— Видна карающая десница Господа. Истинно, суд Божий осудил и казни обрек слугу неправедного! Что там? Чего ты молчишь?

Он вдруг поднялся с кресла и тревожно посмотрел на Шереметева, который только что вошел. Слышно было, как в сенях тревожно бегали люди.

— Что там? — повторил царь бледнея.

Дверь распахнулась и в горницу с плачем вбежал князь Долгорукий.

— Кончается!.. — проговорил он рыдая.

Царь выпрямился, но тут же покачнулся. Шереметев и князь успели подхватить его под руки.

— Ведите меня!.. К ней!.. К голубушке!..

Он рванулся вперед.

Прорезая воздух, уныло, гулко ударил колокол. Раз, другой...

Царь опустился на колени и заплакал.

— Кончается!.. — произнес он. — Господи, я грешен... виновен, меня и карай! За что ее-то?

Царь плакал, а царица тихо кончалась, после трех месяцев непрерывной болезни, начавшейся с первого дня свадьбы.

Протяжный звон колоколов и бил огласил Москву; жители повалили в храм и там в слезах молились за упокой души отошедшей в вечность царицы.

* * *

Время излечивает всякие раны. Прошло два года, думные бояре стали просить царя о его женитьбе, стоял на том и его отец, патриарх. И царь женился вторично на Евдокии Лукьяновне Стрешневой, дочери простого дворянина.

Князь Теряев возвышался подле царя и вскорости был назначен в Думу.

Прошло еще добрых двенадцать лет, и молодой князь Теряев был обвенчан со своей невестой Ольгой Тереховой, после чего отличился как воин в походе под Смоленском.

Эхе женился на Каролине и вместе с молодым князем делил трудный поход; а Эдуард Штрассе был отличен Шереметевым и взят лекарем в аптекарский приказ.